Carl-Auer

Die Reihe »Beratung, Coaching, Supervision«

Die Bücher der petrolfarbenen Reihe *Beratung, Coaching, Supervision* haben etwas gemeinsam: Sie beschreiben das weite Feld des »Counselling«. Sie fokussieren zwar unterschiedliche Kontexte – lebensweltliche wie arbeitsweltliche –, deren Trennung uns aber z. B. bei dem Begriff »Work-Life-Balance« schon irritieren muss. Es gibt gemeinsame Haltungen, Prinzipien und Grundlagen, Theorien und Modelle, ähnliche Interventionen und Methoden – und eben unterschiedliche Kontexte, Aufträge und Ziele. Der Sinn dieser Reihe besteht darin, innovative bis irritierende Schriften zu veröffentlichen: neue oder vertiefende Modelle von – teils internationalen – erfahrenen Autoren, aber auch von Erstautoren.

In den Kontexten von Beratung, Coaching und auch Supervision hat sich der systemische Ansatz inzwischen durchgesetzt. Drei Viertel der Weiterbildungen haben eine systemische Orientierung. Zum Dogma darf der Ansatz nicht werden. Die Reihe verfolgt deshalb eine systemisch-integrative Profilierung von Beratung, Coaching und Supervision: Humanistische Grundhaltungen (z. B. eine klare Werte-, Gefühls- und Beziehungsorientierung), analytisch-tiefenpsychologisches Verstehen (das z. B. der Bedeutung unserer Kindheit sowie der Bewusstheit von Übertragungen und Gegenübertragungen im Hier und Jetzt Rechnung trägt) wie auch die »dritte Welle« des verhaltenstherapeutischen Konzeptes (mit Stichworten wie Achtsamkeit, Akzeptanz, Metakognition und Schemata) sollen in den systemischen Ansatz integriert werden.

Wenn Counselling in der Gesellschaft etabliert werden soll, bedarf es dreierlei: der Emanzipierung von Therapie(-Schulen), der Beschreibung von konkreten Kompetenzen der Profession und der Erarbeitung von Qualitätsstandards. Psychosoziale Beratung muss in das Gesundheits- und Bildungssystem integriert werden. Vom Arbeitgeber finanziertes Coaching muss ebenso wie Team- und Fallsupervisionen zum Arbeitnehmerrecht werden (wie Urlaub und Krankengeld). Das ist die Vision – und die politische Seite dieser Reihe.

Wie Counselling die Zufriedenheit vergrößern kann, das steht in diesen Büchern; das heißt, die Bücher werden praxistauglich und praxisrelevant sein. Im Sinne der systemischen Grundhaltung des Nicht-Wissens bzw. des Nicht-Besserwissens sind sie nur zum Teil »Beratungsratgeber«. Sie sind hilfreich für die Selbstreflexion, und sie helfen Beratern, Coachs und Supervisoren dabei, hilfreich zu sein. Und nicht zuletzt laden sie alle *Counsellors* zum Dialog und zum Experimentieren ein.

Dr. Dirk Rohr
Herausgeber der Reihe »Beratung, Coaching, Supervision«

In Erinnerung an
Stephan Baerwolff und Hans Schindler

»Wie gerne würde ich mir als Fremder einmal zuhören, ohne mich zu erkennen, und später erst erfahren, dass ich es war.«
Elias Canetti

Uwe Michalak
Christiane Lüschen-Heimer

Supervision reflektieren

2021

Themenreihe »Beratung, Coaching, Supervision«
hrsg. von Dirk Rohr
Reihengestaltung: Uwe Göbel
Umschlaggestaltung: Heinrich Eiermann
Umschlagfoto: © Richard Fischer, www.richardfischer.org
Satz: Drißner-Design u. DTP, Meßstetten
Illustrationen: Hannah Eller
Printed in Germany
Druck und Bindung: CPI books GmbH, Leck

MIX
Papier aus verantwortungsvollen Quellen
FSC® C083411
CPI klimaneutral
Mehr Bäume. Weniger CO_2

Erste Auflage, 2021
ISBN 978-3-8497-0355-4 (Printausgabe)
ISBN 978-3-8497-8247-4 (ePUB)

Bibliografische Information der Deutschen Nationalbibliothek:
Die Deutsche Nationalbibliothek verzeichnet diese Publikation
in der Deutschen Nationalbibliografie; detaillierte bibliografische
Daten sind im Internet über http://dnb.d-nb.de abrufbar.

Informationen zu unserem gesamten Programm, unseren Autoren
und zum Verlag finden Sie unter: **https://www.carl-auer.de/**
Wenn Sie Interesse an unseren monatlichen Nachrichten haben,
können Sie dort auch den Newsletter abonnieren.

Carl-Auer Verlag GmbH
Vangerowstraße 14 • 69115 Heidelberg
Tel. +49 6221 6438-0 • Fax +49 6221 6438-22
info@carl-auer.de

Inhalt

Vorwort

Zu jeder Profession gehören Instrumente der Professionalisierung. Im Hinblick auf die Qualität der geleisteten Arbeit sind sie unverzichtbar. Nicht alle dieser Instrumente sind jedoch der Beobachtung direkt zugänglich, wie zum Beispiel die Selbstreflexion.

Die Kernkompetenz der Beratung liegt darin, das Medium der Kommunikation zu pflegen – in diesem Falle also das Selbst der Supervisoren.

Für beraterische Kontexte stellt die Supervision die organisierte Selbstreflexion der Beruflichkeit dar. Unter Beruflichkeit verstehen wir die Zusammenführung folgender Aspekte: berufliche Biografie, berufliche Themen, Kontexte und Emotionen sowie Strukturen und Strategien, die mit den Arbeitsbereichen des Menschen und seiner Beschäftigung zusammenhängen. Supervisoren durchlaufen selbst eine stetige professionelle Entwicklung. Sie fungieren als Dienstleister für ihre Klienten und sollten, vergleichbar mit einem Handwerksbetrieb, auf dem aktuellen Stand der Zunft sein. Was gilt in der Supervision als *State of the Art* der Profession? Methoden und Fragetechniken für das Beratungshandeln lassen sich in Weiterbildungen erlernen und durch Workshops ergänzen. Die Reflexion des Selbst wird allerdings immer eine intime Angelegenheit bleiben.

Im systemischen Verständnis steht die eigene professionelle Haltung im Zentrum. Sie schöpft aus der tiefen Überzeugung, die Autonomie der Supervisanden unbedingt zu respektieren. Die entscheidende Fähigkeit für die supervisorische Tätigkeit besteht darin, eine Metaposition einzunehmen. Sie ermöglicht einen respektvollen, allparteilichen Blick auf die Lebenswelt des Supervisanden und die Kontexte seiner professionellen Welt. Diese Haltung modelliert das Denken und jegliches Handeln. Sie obliegt einer stetigen Veränderung und sollte kontinuierlich überprüft werden. Hierzu dient die Reflexion des Selbst und der supervisorischen Professionalität.

Selbstreflexion als Kompetenz ist nur in der Praxis erfahrbar. Weder das Lernen am Modell noch kognitive Überzeugungen reichen aus, um ihr Potenzial entfalten zu können. Um sich der Anstrengung der Selbstreflexion auszusetzen, braucht es eine tiefe innere Überzeugung und einen sinngebenden Attraktor. Erst die nicht instruierbare Entscheidung, sich mit sich, seinen Bedürfnissen und seinen geliebten wie ungeliebten Anteilen auseinanderzusetzen, eröffnet die Möglichkeit zur Selbstreflexion. In Weiterbildungen und Workshops kann man lediglich die Rahmenbedingungen für eine solche Entscheidung zur Reflexion schaffen. Treffen muss sie jeder Mensch selbst und immer wieder neu, ohne dass es hierfür einer Rechtfertigung bedarf. Unser Buch will zu einer Gestaltung der Rahmenbedingungen einladen und überzeugende Motive für eine Selbstreflexion vorstellen.

Ein professionelles Selbstverständnis auszubilden verstehen wir als fortlaufenden Prozess. Es gehört zum Handwerk der systemischen Supervision, die Selbstreflexion des eigenen Wertesystems, der ethischen Begrenzungen und der praktischen Umsetzung stetig fortzuführen. Selbstreflexion gemahnt auch zur Selbstfürsorge, da der differente Blick Schuldzuschreibungen an sich selbst und andere prüft.

Selbstreflexion ist manchmal ein mühsamer Prozess, sicherlich! Aber welcher Beruf kann schon von sich behaupten, dass quasi als Nebenprodukt eine lebenslange Weiterentwicklung des eigenen Selbst gewonnen wird? Man kann es als impliziten Lohn der Arbeit betrachten, der Idee zu folgen: Erkenne dich selbst.

Reflexionen können auf verschiedenen Wegen stattfinden. Unser Vorgehen verstehen wir als einen möglichen und hilfreichen Weg, supervisorische Prozesse fruchtbar zu bedenken und zu gestalten.

Diese professionelle Reflexion kann beispielsweise im Austausch mit anderen Supervisoren stattfinden. Sie können aus verwandten oder anderen Denkrichtungen stammen. Diese erste Form der kollegialen Beratung wird als *Intervision* bezeichnet. Der Austausch findet auf einer gleichberechtigten Ebene statt. Die Teilnehmenden sind mit der Tätigkeit der Supervision vertraut und wissen, wovon und worüber sie sprechen.

Die Reflexion supervisorischer Prozesse kann zweitens aber auch als *eigene Supervision durch die Begleitung eines Supervisors* stattfinden. Der Supervisor ist dann Begleiter der zweiten Ordnung – seine Haltung des Nichtverstehens kann anregend und hilfreich sein.

Die dritte Möglichkeit der Reflexion ist die *Selbst-Supervision*. Selbstverständlich findet sie auch in den beiden oben genannten Settings ihren Platz. Denn das, was durch äußere Impulse angeregt wird, setzt sich in der eigenen Reflexivität fort und kann wiederum in den Austausch mit anderen einfließen. Selbstreflexion lässt sich auch als eine eigenständige Vorgehensweise verstehen. Wir möchten Sie als

Leserin und Leser gerne dazu ermutigen, sie als solche aktiv zu nutzen – nicht zuletzt deshalb, weil sie permanent zur Verfügung steht. Eine Selbstreflexion des supervisorischen Arbeitens kann während, direkt nach oder mit Abstand zu den Beratungsprozessen stattfinden.

Sich selbst in einem eigenständigen Format in seinen eigenen Konstrukten kritisch zu hinterfragen kann vorteilhaft sein, weil man diese besonders gut kennt und sie sich leichter eingestehen kann, wenn sie nicht öffentlich gemacht werden müssen. Gleichzeitig braucht es Mut, genau diese Konfrontation zu leisten, die niemand kontrollieren kann. Wenn Menschen den Mut aufbringen, Konstrukte und Muster zu hinterfragen, um sie möglicherweise zu verändern, führt das zu einer neuen Stufe der Entwicklung, die großzügiger auf das Selbst und damit auch auf andere blicken lässt.

All solche Überlegungen haben uns motiviert, dieses Buch zu schreiben. Es ist aus der Mühe und der Freude geboren, uns der alltäglichen Konfrontation mit uns selbst durch den Blick in den Spiegel des eigenen professionellen Handelns zu stellen. Manchmal entsteht dabei die Frage, warum wir einen Beruf gewählt haben, in dem wir uns immer wieder mit uns selbst auseinandersetzen müssen. Eine Antwort ist die Freude an der Vielfältigkeit im Kontakt mit Menschen und Systemen.

So entstand der Wunsch, etwas zu entwerfen, das die Selbstreflexion etwas leichtgängiger macht. Dementsprechend haben wir Aspekte betrachtet, die für uns in supervisorischen Prozessen von zentraler Bedeutung sind. Auf der theoretischen Ebene setzen wir uns mit dem Inhalt von Reflexivität und Reflexion auseinander. Wir tun dies aus der Überzeugung heraus, dass es hilfreich ist, einen theoretischen Unterbau zu besitzen, bevor man sich in die Handlung begibt.

Die Reflexionsflächen, die wie die Geländer einer Handlung sind, bewegen sich im Metarahmen der *Selbstreflexion*. Dazu zählen wir die systemische *Haltung* und *Rolle*, das eigene *Supervisionskonzept*, die *Arbeitsbeziehung*, das *Supervisanden-System* und die *Prozessführung* in der Supervision. Wir orientieren uns an Zielen und Grundsätzen, in denen Leitgedanken der Reflexion entwickelt werden. Methodenvorschläge zur Selbstreflexion sollen eine Griffigkeit in der Anwendung erzeugen. Die Beschreibung einer durchgeführten Selbstreflexion rundet die Übertragung in die Praxis ab.

Wir hoffen, dass sich mit der Zeit eine Gender-Schreibweise finden wird, die die Lesbarkeit und den Lesefluss nicht beeinträchtigt. In diesem Buch haben wir uns dafür entschieden, die Kapitel von Uwe Michalak in der männlichen Form zu verfassen und die von Christiane Lüschen-Heimer in der weiblichen. Prinzipiell schließen wir uns dem bekannten Hinweis an, dass wir mit jeder Ausdrucksweise alle Geschlechter wertschätzend ansprechen.

Wir danken all den Menschen, die uns in unseren Selbstreflexionen unterstützen, anregen und stupsen: unseren Kolleginnen und Kollegen im Westfälischen Institut für Systemische Therapie und Beratung (WIST), unseren Familien und Freunden. Unser besonderer Dank gilt Hannah Eller, die dieses Buch mit ihren Zeichnungen bereichert, Margarita Engberding, Christoph Heidbreder, Almut Fuest-Bellendorf, Thomas Kamm und Mechthild Bischop für ihre vielfältige Unterstützung sowie dem Team des Carl-Auer Verlags für die konstruktive Zusammenarbeit. Manchmal braucht die Selbstreflexion die Kommunikation ins Außen ...

Wir wünschen Ihnen Freude in Ihrer Arbeit und bei der Lektüre unseres Buches!

Uwe Michalak & Christiane Lüschen-Heimer

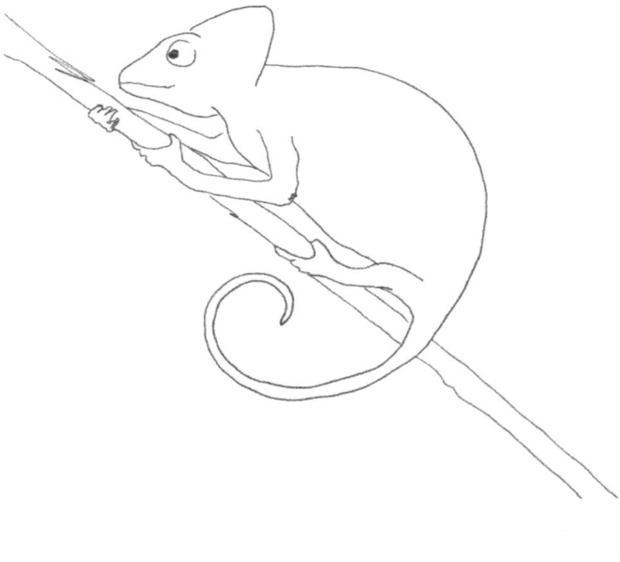

1 Einleitung

1.1 Vorüberlegungen zu Reflexivität und Reflexion

Beim Beratungsformat Supervision handelt es sich um eine Reflexionskommunikation. Dieses Verständnis erfordert, dass wir uns zunächst mit den Begriffen Reflexivität und Reflexion sowie ihrer sprachlichen Herkunft beschäftigen. Das Wort »reflektieren« stammt vom lateinischen Verb »reflectere« für »hinwenden« ab und bedeutet »widerspiegeln«. Schaue ich in einen Spiegel, so erhalte ich einen Außenblick auf mich, der mir ohne die Zuhilfenahme der Reflexionsfläche nicht möglich wäre. Aus dieser Außenperspektive gewinne ich neue Erkenntnisse über mich. Der Blick in den Spiegel liefert gleichzeitig eine Idee darüber, wie Selbstreflexion funktioniert. Auch besteht eine thematische Verwandtschaft mit dem Wort »Reflex«. Das Einüben von Angriffs- und Abwehrtechniken im Karate wird gelegentlich als Konditionierung von Bewegungsabläufen konzipiert. Ein kontinuierliches Training erlaubt dann, Angriffe des Gegenübers reflexhaft zu parieren.

Im Allgemeinen kann man *Reflexivität* als Kompetenz auffassen, Prozesse in der Supervision bewusst zu steuern. Denn Reflexivität ermöglicht gleichsam ein flexibles Einnehmen von Selbst- und Fremdbeobachtungspositionen. Nach intensiver Übung kann der Supervisor während der Supervision quasi automatisiert auf diese Perspektiven zurückgreifen. Mit *Reflexion* ist der Vorgang gemeint, Anliegen konstruktiv sowie kritisch zu untersuchen.

Was bedeuten diese Begriffsbestimmungen für die Praxis? Versteht sich der Supervisor als Reflexionsfläche für den Supervisanden, dann wird er dem Supervisanden seine Beobachtungen widerspiegeln. Allerdings müsste man dann im Hinblick auf seine Spiegelbilder von Bildern mit Unschärfen sprechen – und zwar deshalb, weil wir den Supervisor als einen Beobachter betrachten, der das wahrnimmt, was er wahrnimmt. Ein anderer Supervisor hätte in derselben Situation andere Beobachtungen; seine Prozess-Steuerung würde anders verlaufen. In jedem Fall entsprechen diese »Bilder« des Supervisors einer Art »Feedback«, das beim Supervisanden Prozesse der Beschäftigung mit sich selbst anregt.

Der Begriff Reflexion schließt *Selbstreflexion* ein. Selbstreflexion bezieht sich auf ein Nachdenken über das eigene Selbst. Sie findet in der Regel sowohl beim Supervisor als auch bei seinem Supervisanden statt und ermöglicht beiden eine Professionalisierung. Der Fokus liegt jedoch auf der Selbstreflexion des Supervisanden. Der Supervisand profitiert bei der Bearbeitung seiner Anliegen von der Reflexivität des Supervisors. Denn die Interventionen des Supervisors laden den Supervisanden zur Selbstreflexion ein. Zudem dient der Supervisor dem Supervisanden als Modell dafür, wie sich Szenen analysieren lassen.

> »Nachdenken ist die Freiheit, die man im Verhältnis zu dem, was man tut, besitzt; es ist die Bewegung, durch welche man Abstand von sich gewinnt, sich selbst als Objekt konstituiert und über das Ganze dieser Bewegung als Problem nachdenkt« (Foucault, zitiert nach Forster 2014, S. 596).

Das Ereignis, in dem Reflexivität vollzogen wird, ist das der Reflexion. Reflexion beginnt, wenn man den Raum der Innenschau betritt. Hierin kann sich der Supervisand intensiv mit eigenen Handlungsweisen aus seiner Vergangenheit, Gegenwart oder im Hinblick auf seine Zukunft auseinandersetzen. Supervision bedarf der Reflexion im gleichen Maße, wie wir Menschen der Luft zum Atmen bedürfen. Die Reflexion kann sich auf verschiedenen Ebenen abspielen, die oft parallel existieren oder bewusst wie unbewusst im Hintergrund arbeiten. Unter Ebenen verstehen wir beispielsweise die Psychodynamik des Supervisanden, sein Rollenverständnis sowie Strukturen und Prozesse in Organisationen, mit denen er konfrontiert ist. Die Frage, welche Ebene ein Supervisor für die Reflexion fokussiert, hängt u. a. von seinem Handlungskonzept, seiner Praxiserfahrung, seiner psychischen Ausstattung als Person und von der aktuellen Interaktion in der Supervision ab.

Reflexivität

Im Speziellen bezeichnet man als Reflexivität die *Fähigkeit*, das eigene Handeln als Supervisor multiperspektivisch in den Blick zu nehmen. Damit verbinden wir das Ziel, das eigene professionelle Vorgehen zu verbessern. Weiterhin fassen wir Reflexivität als *Bewusstseinsprozess* und als *Aktivität* auf (vgl. Forster 2014, S. 590). Moldaschl (o. J.) definiert Reflexivität als die

> »Fähigkeit eines sozialen Systems oder einer Person, sich zu sich selbst zu verhalten, d. h., sich von eigenen Prämissen und Handlungsprogrammen zu dezentrieren, eine kritische Sicht auf sich selbst einzunehmen, den Standpunkt eines anderen einzunehmen, sich durch die Perspektive eines anderen zu betrachten«.

Mit unserem Buch möchten wir Sie als Leser zur Selbstreflexivität anregen. Diese betrachten wir im Folgenden aus einer systemtheoretischen Perspektive. Bei der Selbstreflexivität bezieht sich das psychische System auf sich selbst. Sie lässt sich deshalb als Selbstreferenz verstehen. Psychische Systeme zeichnen sich durch eine spezielle Arbeitsweise aus: In psychischen Systemen schließen Gedanken an Gedanken an. Alle reflexiven Prozesse vollziehen sich in derselben Weise. Wie geht das psychische System dabei vor? Es orientiert sich bei diesen Prozessen an der Differenz zwischen vorher und nachher. Aus diesem Unterschied lassen sich Erkenntnisse gewinnen. Desgleichen erlaubt Reflexivität eine Steuerung von Prozessen durch das psychische System selbst. Hierbei ist zu beachten, dass das psychische System in der Selbstreferenz operativ für sich selbst nicht erreichbar ist, es bleibt für sich unbestimmt (vgl. Luhmann 1987, S. 599 ff.). Diese Grenze in der Selbsterkenntnis stellt gleichzeitig eine Grenze selbstreflexiver Prozesse dar.

In unseren Supervisionsweiterbildungen im *WIST Münster*[1] zielen wir darauf, die Reflexivität stetig zu fördern und auszubauen. Wir

1 Westfälisches Institut für Systemische Therapie und Beratung e. V.

halten es für lohnenswert, diese Kompetenz im Sinne eines lebenslangen Lernens stets weiterzuentwickeln. Wir beleuchten sie nun aus sieben Positionen:

Position 1: Reflexivität erfüllt keinen Selbstzweck nach dem Motto: Solange ich reflexiv bin oder Reflexivität anrege, handele ich supervisionsgemäß. Prinzipiell dient Reflexivität dazu, Klärungsprozesse in Gang zu bringen oder Abläufe zur Zielerreichung zu unterstützen. Eine Kombination beider Zwecke liegt daher nahe. Anders formuliert: Meine Reflexivität als Supervisor ermöglicht eine genaue Untersuchung von Vorgängen während der Supervision – beispielsweise, die Anliegenentwicklung zu untersuchen, Entscheidungen zu finden, das Zusammenspiel von willkürlichen und unwillkürlichen Vorgängen zu betrachten, Handlungen zu initiieren oder Abläufe zu beenden, die für ein Vorhaben nicht mehr zieldienlich sind.

Position 2: Im Verbund mit Ziel- und/oder Klärungsprozessen können wir Reflexivität als Metakompetenz einstufen. Unter Metakompetenz verstehen wir eine Kompetenz, die für diverse Kontexte Gültigkeit hat und zugleich als Bindeglied für Einzelanalysen fungieren kann.

Position 3: Reflexivität erlaubt Betrachtungen in den drei Zeitdimensionen Vergangenheit, Gegenwart und Zukunft. Vorstellbar ist, dass ich als Supervisor vergangene Ereignisse zum Gegenstand meiner Überlegungen mache. Ich rufe mir Szenen in Erinnerung, die ich gerne erneut in ihrer Entwicklung oder in ihren Auswirkungen nachzeichnen will. Welche Motive, Absichten oder Anliegen haben mich beispielsweise dazu bewegt, so zu handeln, wie ich in der Supervisionsepisode gehandelt habe? Reflexivität lässt sich zusätzlich als Vorschau auf zukünftiges Handeln richten. Wie will ich reagieren, wenn im Team erneut anliegenferne Themen angesprochen werden? Welche Handlungsalternativen stehen mir für meine Reaktion zur Verfügung? Überlege ich während eines laufenden Supervisionsprozesses, wie ich auf die Äußerungen des Supervisanden eingehe, kommt Reflexivität einem Selfmonitoring in der Gegenwart gleich.

Position 4: Reflexivität vollzieht sich stets in Interaktionen. Das sind z. B. innere Dialoge oder Gespräche zwischen zwei und mehreren Personen. Sie ist somit Bedingung wie Treibstoff für rekursive Prozesse.

Als Supervisor bin ich zugleich Beobachter wie auch mein eigener Beobachtungsgegenstand: Ich beobachte, wie die Interaktion verläuft und wie ich selbst mit mir und mit dem Supervisanden interagiere. Dass sich diese Sichtweisen vermengen und gegenseitig beeinflussen (siehe oben), ist im Sinne der Rekursivität erwartbar (vgl. Forster 2014, S. 592).

Position 5: Reflexivität stufen wir als notwendige Bedingung dafür ein, Prozesse steuern zu können – beispielsweise, wenn es darum geht, situativ einen konstruktiven Umgang mit Unerwartetem im Gespräch, mit Krisen oder mit Ambivalenzen zu entwickeln. Hierin zeigt sich Reflexivität in ihrer Facette als Bewusstseinsprozess.

Position 6: Reflexivität verstehen wir ebenso als sinnvolle und nützliche Arbeitsweise. Mit ihrer Hilfe kann man a) das eigene supervisorische Vorgehen und dessen Qualität prüfen und bewerten (Monitoring) sowie b) die Reflexivität der Supervisanden beim Erreichen ihrer Supervisionsziele fördern. Denn Reflexivität verstehen wir als bedingende Kompetenz für Lern- und Veränderungsprozesse, die es in einer Supervision zu gestalten gilt.

Position 7: Angesichts diverser Lebensstile und Werthaltungen vermag uns unsere eigene Reflexivität dabei zu unterstützen, uns (begründet) zu verorten. Im Neben- und Miteinander dieser Vielfalt begeben wir uns bewusst an unseren Standpunkt und beziehen Stellung. Reflexivität verhilft uns dazu, verantwortungsbewusst eine moralische Haltung einzunehmen.

In diesen sieben Positionen scheint auf, dass wir Reflexivität als Kompetenz, Arbeitsweise, Bewusstseinsprozess und Beobachtungsvorgang schätzen. Zugleich sind wir mit einer kritischen Perspektive auf die Reflexivität selbst beschäftigt. Denn Studien deuten darauf hin, dass wir uns unsere Erklärungen ad hoc zurechtlegen, wenn wir nach unseren Motiven gefragt werden. Einige Stunden später nennen wir auf dieselbe Frage andere Beweggründe (vgl. Chater 2019, S. 47). Diese Konstruktionsleistungen gehören zur Reflexivität.

Wenn wir reflexiv sind, sprechen wir auch nach innen; wir führen dann einen inneren Dialog. Aufgrund von drei Überlegungen verfolgen wir diesen Dialog mit Humor und Neugierde:

- Wir wissen, dass wir stets nach Erklärungen suchen, um zu verstehen, weshalb wir so handeln, wie wir handeln.
- Wir wissen, dass wir uns mithilfe von zurechtgelegten Gründen Prozesse erklären.
- Wir wissen, dass wir darüber hinaus Plausibilitäten und Sinnhaftigkeit erzeugen.

Die naheliegende Schlussfolgerung, dass wir unsere Welt konstruieren, befreit uns davon, (zeit)intensiv nach dem wahren Motiv zu suchen. Getrost können wir auf unseren Plausibilitäten weiterführende Überlegungen aufbauen, um andere Perspektiven einzunehmen – wohlwissend, dass sie wahrscheinlich nur für eine kurze Strecke Orientierung verleihen. Mit Achtsamkeit für liebgewonnene Deutungsmuster und mit einer Neugier für Quergedanken plädieren wir für eine Offenheit im Hinblick auf die Beweggründe, die wir formulieren. Diese Offenheit kann die Grundlage für eine verantwortungsbewusste und respektvolle Kreativität sein. Die Selbstreflexion kann hiervon profitieren.

Selbstreflexion lohnt sich außerdem, weil sie ein lebenslanges Lernen fördert. Optimalerweise wird sie davon begleitet, dass wir

- Kollegen bei selbstreflexiven Prozessen zuhören,
- Publikationen aus dem Arbeitsfeld Supervision lesen und überdenken,
- den kollegialen Austausch pflegen sowie
- die eigenen selbstreflexiven Themen aktiv in die Kommunikation mit Kollegen einbringen.

Dieses Wechselspiel zwischen Innen- und Außenkommunikation schult die (Selbst-)Reflexivität.

Reflexion

Für die weitere Erkundung des Begriffs Reflexion nehmen wir zunächst in gleicher Weise wie schon bei der Reflexivität eine systemtheoretische Perspektive ein. Reflexion basiert auf der Differenz zwischen System und Umwelt. Das Selbst ist dabei das System und abgegrenzt von seiner Umwelt.

Die Reflexion dient dabei auch der Selbsterkenntnis. Die Selbstbeobachtungen können allerdings nicht mit den Beobachtungen aus der

Umwelt abgeglichen werden. Dennoch kann eine Selbststeuerung gelingen, weil sich a) die eigenen Handlungen des psychischen Systems und ihre Effekte auf die Umwelt sowie b) die Rückkoppelungsprozesse auf das System beobachten lassen. Auf diese Weise kann das System seine Selbststeuerung verbessern (vgl. Luhmann 1987, S. 601 ff.).

Praktisch ist an einer Reflexion mindestens eine Person beteiligt. Das Gelingen der Selbstreflexion hängt davon ab, dass diese Person ihre Motive, Bedürfnisse, Ziele oder z. B. auch Ressourcen aus einer zentralen Metaposition anschaut. Beobachtet sie dabei achtsam ihre Gedanken, Gefühle, Handlungsimpulse und unwillkürlichen Regungen, wächst die Chance, neue Erkenntnisse zu gewinnen. Eigenreflexion vollzieht sich somit in achtsamer Selbstbeobachtung.

Reflexion als Vorgang mit mehreren Beteiligten kann als Zusammenspiel von Eigen- und Fremdbeobachtung angesehen werden. Konfrontiert mit den anderen Beobachtungen und Erfahrungen des Supervisors (als Fremdbeobachtender) kann ein Supervisand diese als Anregung dafür nutzen, eigene, liebgewonnene oder gewohnte Lesarten seiner selbst und der Kommunikationen in seinen sozialen Bezügen zu hinterfragen. Indem er diese Anfragen zulässt, öffnet sich der Raum für die Reflexion. Optimalerweise mündet sie in produktivere Selbstorganisationsprozesse.

Reflexion kann man weiterhin als Forum für eine Neuinterpretation von Interaktionen heranziehen (vgl. Forster 2014, S. 594 f.). Gegenstand von Selbstreflexionen sind (erinnerte) Ereignisse; Ereignisse können z. B. ein innerer Dialog oder eine Interaktionssequenz mit einem Supervisanden sein. Diese können sich beispielsweise auf Verhaltensweisen, Interaktionen, Entscheidungen, Konflikte, Wahrnehmungen, Bewertungsmuster, Erleben, Denkweisen oder Vorgehensweisen beziehen. Für den Gegenstand habe ich als Supervisor bereits eine Interpretation vorgenommen. Wenn ich mich retrospektiv reflektiere, setze ich mithilfe meiner Erinnerungen bei den Interpretationen an, die ich während des Ereignisses genutzt habe. In der Beobachtung zweiter Ordnung habe ich die Chance, Neuinterpretationen zu entwickeln. Diese Chance ist in der Selbstreflexion und im kollegialen Austausch gegeben.

Reflexionsebenen

Peter Homann hat mit Bezug auf den klientenzentrierten Ansatz nach Carl Rogers (1987) drei potenzielle Reflexionsebenen für Beratungsformate elaboriert (s. u.). Wir möchten Homanns Überlegungen um die Ebene der Anliegenentwicklung ergänzen und damit für das systemische Arbeiten nutzbar machen.

Als Supervisor kann ich mich auf die Weltsicht des Supervisanden beziehen und dessen psychische Ausstattung als Person, Bedürfnisse oder Motive in den Blick nehmen und reflektieren (*1. Ebene*). Zudem vermag ich, den Fokus auf mein Erleben als Supervisor zu richten (*2. Ebene*): Was erlebe ich, während der Supervisand sich so zeigt und verhält, wie er es aktuell macht? Weiterhin kann ich mir vorstellen, das Supervisionsgeschehen aus einer Vogelperspektive zu betrachten (*3. Ebene*). Welche Interaktionsmuster kann ich dabei beobachten? Wie sind die Redeanteile verteilt? Wie erkläre ich mir die jeweilige (Ungleich-)Verteilung? Als *4. Ebene* schlagen wird die Anliegenentwicklung vor: Als Supervisor kann ich mich fragen, was ich verstanden habe, wie der Supervisand meine Unterstützung anfragt? Oder verfolge ich eigene Anliegen? Habe ich diese transparent kommuniziert? Spielen Anliegen Dritter für das Supervisionsgeschehen eine Rolle?

Reflexion kann sich auf jede dieser vier Ebenen beziehen. Diese zu kennen und zu nutzen erlaubt es uns, in der Supervision mit Multiperspektivität zu arbeiten.

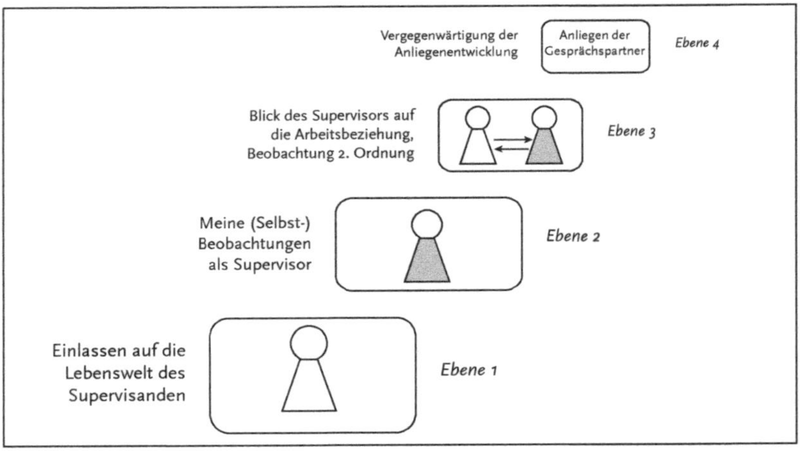

Abb. 1: Reflexionsebenen

1.2 Weshalb sich Reflexion und Reflexivität lohnen

Die reflexive Auseinandersetzung mit dem eigenen professionellen Handeln erfordert die Bereitschaft, sich anzustrengen und Zeit für die Nachbetrachtungen aufzubringen. Im Wissen um diese Anstrengungen könnte die Frage aufkeimen, weshalb es sinnvoll ist, Prozesse zu reflektieren. Auf diese Frage liefern wir verschiedene Antworten:

- Reflexivität fördert die eigene Professionalisierung.
- Reflexion schult die Fähigkeit zur Reflexivität.
- Reflexion erzeugt und sichert die eigene Beratungsqualität.
- Reflexion erlaubt Perspektivwechsel.
- Reflexivität fördert Flexibilität.
- Reflexivität verbessert eine kommunikative Anschlussfähigkeit.
- Reflexivität provoziert Wachstum.
- Reflexivität verweist auf Lösungsansätze.
- Reflexivität ermöglicht eine demutsvolle Haltung.
- Reflexivität regt zum selbstständigen Denken an.
- Reflexivität unterstützt Demokratisierungsprozesse.

Reflexivität fördert die eigene Professionalisierung
Während einer Supervision nehme ich als Supervisor zahlreiche Handlungsimpulse wahr; zugleich treffe ich verschiedene Entscheidungen, um einen Supervisionsprozess zu steuern. Dabei sind stets Ambivalenzen, Unsicherheiten und Ungewissheiten mit im Spiel. Gerade Krisen oder konfliktäre Ereignisse bilden einen häufigen Anlass für Reflexionen. Indem ich die gewählten Interventionen reflektiere, kann ich ihren Nutzen, ihren Respekt und ihre Schönheit bilanzieren (vgl. Ludewig 2015). Das nachträgliche Vergegenwärtigen meiner Interventionen und ihrer Wirkungen für den Supervisionsprozess fördern schrittweise meine Kompetenz, während einer zukünftigen Supervision zwischen verschiedenen Handlungsimpulsen auszuwählen. Die Fähigkeit, sich auf eine reflektierte Erfahrung als implizites Wissen zu beziehen, was meine Interventionen bewirken können und über welches Potenzial für Veränderungsimpulse sie verfügen, werten wir als ein Merkmal der Professionalität.

Professionalisierung beschreibt den Werdegang vom Novizen zum Meister. Die Selbstreflexion kann unter diesen Vorzeichen als Instrument zum Einsatz kommen, die eigene Meisterschaft zu entwickeln und zu fundieren. Völter (2018) spricht von mehreren Etappen bei der Entwicklung auf diesem Weg. Wir schließen uns seiner Sichtweise an und ergänzen sie: Eine persönliche Professionalisierung konzipieren wir als Prozess, die eigene Meisterschaft zu erlangen und sie im Angesicht (berufs-)politischer und sozialer Veränderungen zu erhalten, anzupassen und zu erweitern.

Supervision ist ein etabliertes, anerkanntes und oft in Anspruch genommenes Beratungsformat. Dennoch gilt sie nicht als staatlich anerkannte Profession. Welche Kriterien begründen die Professionalität eines Supervisors? Es liegt nahe, in die Weiterbildungscurricula der Dachverbände zu schauen. Im Falle der systemischen Supervision fällt der Blick auf den entsprechenden Kriterienkatalog der Systemischen Gesellschaft (SG). Professionalität ist demnach stets dann gegeben, wenn ein Supervisor die aufgelisteten theoretischen Kenntnisse und praktischen Fertigkeiten in ausreichender Weise flexibel, kontextangemessen sowie anliegenorientiert anwendet. In meinen Selbstreflexionen kann ich entsprechend thematisieren, wie nützlich ich mit den Anliegen der jeweiligen Supervisanden umgegangen bin und in welcher Weise ich die relevanten sozialen wie beruflichen Kontexte berücksichtigt habe. Die Orientierung am Kriterienkatalog für Supervisionsweiterbildungen stellt einen plausiblen Weg dar, die Professionalität des Supervisors zu begründen. Dieses Vorgehen erscheint uns auf den ersten Blick plausibel.

Dennoch bleiben Fragen. Ein Curriculum verstehen wir als eine geschlossene Liste. Was geschieht, wenn ein Curriculum einmal festgelegt worden ist – wie offen ist es dann für neue Entwicklungen und gesellschaftliche Veränderungen? Diese Fragen hängen mit unserem Verständnis zusammen, dass eine stabile Referenz auf geschlossene Listen in Konflikt mit konstruktivistischen Gedanken der systemischen Theorie steht. Aus einer systemischen Perspektive bleibt eine Schließung erfolglos (vgl. Rohr u. Baum 2019, S. 155). Wir plädieren daher für ein offenes Curriculum, das gekürzt, umstrukturiert und ergänzt werden kann. Offene Listen werden jedoch mit der Gefahr assoziiert, beliebig zu sein. Diese Gefahr stufen wir als gering ein, wenn eine systemische Supervisionsweiterbildung als zentralen Aspekt beachtet, a) dass der angehende Supervisor eine systemische Haltung entwickelt und b) dass er Verantwortung für seine Entscheidungen bzw. Interventionen übernimmt, die er gerade im Angesicht von Krisen, Ambivalenz oder Ungewissheit trifft.

Gegenstand einer Reflexion sind Erinnerungsspuren. Man ruft sich Beobachtungen in Erinnerung, die während einer Beratungskommunikation aufgetaucht sind. Manche der Beobachtungen sind eindrücklich und über längere Zeit abrufbar, andere verblassen relativ bald und sind nach einer Weile nicht mehr greifbar. Erinnerungen sind mit Verzerrungen verbunden. Denn unser Bewusstsein neigt dazu, lückenhafte Erinnerungsspuren unauffällig zu stimmigen Narrationen zu glätten. Der Blick zurück unterliegt somit einem Konstruktionsprozess und unterstreicht meine bevorzugten Beobachtungs- und Deutungsmuster. Diese Muster gehören zu meinem impliziten Wissen als Supervisor.

Hierin liegt ein Erkenntniszugang zu meinem Expertenwissen. Das Material der Selbstreflexion bildet so betrachtet vorrangig mein implizites Wissen ab. Es geht aber vielmehr darum, was für ein Bild ich mir vom Supervisanden mache, wenn ich über ihn nachdenke. Zweifel sind angebracht, wenn ich meine, den Supervisanden fassen zu können. In meinen Selbstreflexionen begegne ich mir selbst in meiner professionellen Formation. Komme ich in meinen Selbstreflexionen meinen typischen Beobachtungs- und Deutungsmustern auf die Spur, gewinne ich die Chance, alternative Perspektiven zu entdecken, die mit mehr Wahlmöglichkeiten für den Supervisanden verbunden sein können.

Diesen Aspekt kann ich auch aus einer anderen Warte bedenken: Jede Beobachtung geht mit einer Fokussierung meiner Aufmerksamkeit einher. Bei der Analyse meiner Beobachtungen ist dieses Wissen nützlich. Denn ich kann mir bewusst machen, dass auch andere Aufmerksamkeitslenkungen möglich wären. Im Verlauf eines Supervisionsprozesses kann ich dieses Wissen dazu nutzen, bewusst einen anderen Fokus zu wählen. Der Wechsel kann mich inspirieren, meinem Supervisanden andere Interventionen vorzuschlagen. Meine Selbstbeobachtung, welche Perspektiven ich für die Analyse einer Szene einnehme, vergrößert auf Dauer mein professionelles Handeln.

Zweifelnde Gedanken stammen noch aus einer anderen Ecke: Auch wenn ich auf der Grundlage einer systemischen Haltung mit flexiblen Listen im Sinne meiner Professionalität operiere, tauchen Fragezeichen auf, wenn es um mein Selbst bei der Selbstreflexion geht. Fuchs (2005, 2010b) hat für das Selbst ein eindrückliches Bild gefunden. Er spricht von einer kernlosen Zwiebel (s. Kap. 2.1, S. 29). Wer in mir reflektiert mit wem in mir über meine Professionalität? Wenn keine Letztinstanz angenommen wird: Was würde passieren, wenn sich zwei oder mehrere andere Seiten oder Stimmen in mir miteinander über einen supervisorischen Prozess unterhalten?

Diese Frage kann man als Fall ins Bodenlose verstehen, da je nachdem, welche inneren Seiten an den Binnenkommunikationen beteiligt sind, unterschiedliche Ergebnisse hervorgebracht werden. Nick Chater (2019) beschleunigt mit seinen Gedanken den Fall ins Bodenlose. In einem Interview äußert er, dass unser Geist ausschließlich durch unser unmittelbares bewusstes Erleben geformt wird.

> »Wenn mich jemand fragt, warum ich heute Tee statt Kaffee trinke, dann spinnt mir mein Gehirn in diesem Moment eine Antwort zusammen. Meine Erklärung beginnt erst dann zu existieren, wenn ich gefragt werde« (Chater 2019, S. 47).

Und wer weiß dann, welche die richtige Entscheidung ist?

Wir bevorzugen, diese Offenheit als Quelle für neue Ideen, für Multiperspektivität oder für Dekonstruktionen zu nutzen. Denn es geht nicht darum, dass eine Zentralinstanz kontrolliert und entscheidet, um das Wahre oder Richtige zu finden. Ziel ist es vielmehr, Viabilität zu erzeugen, die mit mir zu tun hat. Nick Chater (2019) dazu:

> »Unsere Persönlichkeit bekommt Kohärenz, weil jede Interpretation einer Wahrnehmung auf Erinnerungsspuren vergangener Interpretationen basiert. Und jede neue Erfahrung beeinflusst die Interpretation der nächsten. So erschaffen wir eine persönliche Tradition, auf deren Grundlage wir improvisieren.«

Die potenzielle Offenheit während einer Selbstreflexion kann einen Segen darstellen. Reflexivität ist mit der Chance verbunden, die Qualität des eigenen Handelns zu verbessern, da es mit Erkenntnisgewinn verbunden sein kann. Eine laut ausgesprochene Selbstreflexion während einer Supervision – im Sinne eines reflektierenden Teams mit mir selbst – kann für den Supervisanden inspirierend wirken. Als Supervisor kann ich mich beispielsweise auf diese Art und Weise fragen, welche Bedeutung die körperliche Bewegungslosigkeit des Supervisanden haben könnte, während er über seine Wut auf den Chef sprach.

In unserem Buch arbeiten wir bewusst mit einem Spannungsbogen. Wir bieten *sechs Aspekte* (s. Kap.2) als Reflexionshilfen an, die sich in unserem Arbeitsalltag bewährt haben und die die Professionalisierung fördern. Damit erzeugen wir in gewisser Weise eine geschlossene Liste, da wir explizit keine offene Rubrik in diese Liste eingefügt haben. Stattdessen betonen wir hier wie an anderen Stellen, dass auch andere Vorgehensweisen im Sinne einer Selbstreflexion möglich sind. Der Grund dafür liegt in der Individualität einer Selbstreflexion. Levold spricht im Zusammenhang mit einer professionellen Identität von »personalem Wissen« (vgl. Levold 2016, S. 156).

Weitere nützliche Effekte von Reflexion und Reflexivität

Dem Thema Professionalisierung haben wir einen prominenten Platz eingeräumt, indem wir ihm ein eigenes Unterkapitel gewidmet haben. Wir sehen allerdings noch zehn weitere Gründe, weshalb sich eine intensive Beschäftigung mit den Themen Reflexion und Reflexivität lohnt:

1) Reflexion schult die Fähigkeit zur Reflexivität.
2) Reflexion erzeugt und sichert die eigene Beratungsqualität.
3) Reflexion erlaubt Perspektivwechsel.
4) Reflexivität fördert Flexibilität.
5) Reflexivität verbessert eine kommunikative Anschlussfähigkeit.
6) Reflexivität provoziert Wachstum.
7) Reflexivität verweist auf Lösungsansätze.
8) Reflexivität ermöglicht eine demutsvolle Haltung.
9) Reflexivität regt zu selbstständigem Denken an.
10) Reflexivität unterstützt Demokratisierungsprozesse.

1) Reflexion schult die Fähigkeit zur Reflexivität.

Die Anliegenentwicklung verstehen wir als zentrales Konzept für die systemische Beratungspraxis. Indem ich mich nach einer Supervisionssitzung frage, welche Anliegen des Supervisanden ich vernommen habe und wie ich darauf eingegangen bin, vergegenwärtige ich mir als Supervisor automatisch den Prozess.

- Wie habe ich als Supervisor die von mir wahrgenommenen Anliegen des Supervisanden behandelt?
- Welche Anliegen habe ich thematisiert?
- Welche Vereinbarungen habe ich aktiv und transparent vorgenommen?

Mit diesen Fragen ist zugleich eine Prozessanalyse der Supervision verbunden, da der Gesprächsprozess und seine Wendungen nachgezeichnet werden.

Die Reflexion der Anliegenentwicklung fördert mein supervisorisches Bewusstsein für das Wesentliche:

- Wobei war ich dem Supervisanden behilflich bzw. soll ich ihm behilflich sein?

Man könnte auch sagen: Die Reflexion eines supervisorischen Prozesses schärft meine Beobachtungen und fördert meine Reflexivität. Hierfür ist es sinnvoll, sich bewusst zu machen, dass sich eine Beobachtung aus den Teilschritten Unterscheidung und Bezeichnung zusammensetzt. Über eine Beobachtung zweiter Ordnung im Hinblick auf meine Interventionen als Supervisor kann ich mir verdeutlichen, welche Interaktionen meine Prozess-Steuerung beeinflusst haben. Praktisch kann ich eine solche Reflexion auch mithilfe einer Video- oder Audioaufzeichnung vollziehen. Hinzu kommt: Mein Rückblick auf die Anliegen und meine Beobachtungen dazu, wie ich zusammen mit dem Supervisanden die Themen der Supervision vereinbart habe, stellen zugleich eine hilfreiche Vorbereitung auf das nächste Gespräch dar.

2) Reflexion erzeugt und sichert die eigene Beratungsqualität.
Mein Beratungshandeln als Supervisor baut optimalerweise auf einem Supervisionskonzept auf. In diesem Konzept kann ich verankern, welche wesentlichen Qualitäten meine Arbeitsweise aufweist. Zu einem Supervisionskonzept können beispielsweise meine Interaktionsgestaltung, die Interventionsmethoden und -auswahl, das Eingehen auf die persönliche Ausstattung des Supervisanden oder die Setting-Varianten gehören. Eine reflexive Nachbetrachtung meines Beratungshandelns erlaubt es mir zu überprüfen, in welcher Weise ich die entscheidenden Säulen meines Konzepts umsetze. Dabei kann ich bedenken, welche Gesichtspunkte meines Konzepts notwendig und welche überflüssig sind. Zudem kann ich mir vor Augen führen, was neu akzentuiert werden soll bzw. was vernachlässigt werden kann.

3) Reflexion erlaubt Perspektivwechsel.
Bedenke ich meine Handlungen als Supervisor, betrachte ich mich zugleich in einem dissoziierten Zustand. Denn aus einer inneren

Metaposition beschäftige ich mich mit der Seite in mir, die als Supervisor handelt. Der Perspektivwechsel kommt allein dadurch zustande, dass ich eine Metaposition einnehme. Man könnte auch vom Etablieren einer metasupervisorischen Position sprechen. Die Supervision, über die ich nachdenken will, wird zum Gegenstand meiner (Selbst-)Reflexion. Indem ich mein Erleben und Verhalten auf die eine oder andere Weise von außen betrachte, habe ich die Chance, zu neuen Erkenntnissen über meine Handlungsräume zu gelangen.

4) Reflexivität fördert Flexibilität.

Wir Menschen neigen dazu, gerne auf Gewohnheiten, die wir gebildet haben, zurückzugreifen. Dies gilt auch dafür, wie wir supervisorische Prozesse gestalten.

- Was entdecke ich an Gewohnheiten, wenn ich auf meine Beratungspraxis schaue?
- Wie gestalte ich meine Begrüßungen und Verabschiedungen?
- Welche Informationen sammele ich in der Regel, bevor ich mich mit dem Anliegen meines Supervisanden beschäftige?
- Welche Erklärungen und Empfehlungen spreche ich gerne aus?
- Wann beurteile ich ein Supervisionsgespräch als hilfreich bzw. schwierig?
- Welche Begründungen ziehe ich dafür heran?

Konstante bzw. ähnliche Vorgehensweisen erzeugen eine innere Sicherheit für mein Vorgehen als Supervisor. Dem kann ich die Passförmigkeit meiner Interventionen bzw. meinen inneren Umgang mit Ungewissheit im supervisorischen Geschehen gegenüberstellen. Die Gegenüberstellung erzeugt ein Spannungsfeld. Dieses Spannungsfeld zuzulassen – es als Normalfall zu verstehen und die in der Spannung entstehenden Erkenntnisräume wertzuschätzen – ermöglicht mir als Supervisor eine Flexibilität im Vorgehen und schützt mich zugleich vor einer zur Erstarrung neigenden Beratungspraxis.

Flexibilität verstehen wir weiterhin als Voraussetzung für ein offenes Reagieren auf Unerwartetes. Unerwartetes kann stören, weil es beispielsweise den Fokus des Gesprächs verändert oder zur Ablenkung und Vermeidung beiträgt. Unerwartetes kann zugleich einen Hinweis auf einen inneren Konflikt liefern oder auf Erlebensaspekte hinweisen, die bislang unberücksichtigt geblieben sind. Wenn ich dem Unerwarteten Raum gebe, kann dies dazu beitragen, dass ich konflikthafte innere Prozesse besser verstehe, um sie dann utilisieren zu können.

5) Reflexivität verbessert eine kommunikative Anschlussfähigkeit. Die Reflexion von verhärteten Gesprächsprozessen nutzen wir gerne gewinnbringend dafür, unsere kommunikative Anschlussfähigkeit bewusst in den Blick zu nehmen. Ganz allgemein: Jede Äußerung, die eine Person als Mitteilung in einem kommunikativen Miteinander versteht, regt sie zu neuen Mitteilungen an. Die Anzahl der Reaktionsmöglichkeiten sind immens groß. In festgefahrenen Gesprächen hingegen sind die Freiheitsgrade für die Gesprächspartner, flexibel an die wahrgenommene Mitteilung anzuschließen, stark eingeschränkt. Ihre Kommunikation neigt zu einer Choreografie, die auf Wiederholung basiert und keine Flexibilität zulässt.

Solche Choreografien mögen auf der einen Seite für Sicherheit und Schutz im Angesicht von zurückliegenden Kränkungen beitragen, die sich die Kommunikationspartner zugemutet haben. Auf der anderen Seite verhindern sie eine Musterunterbrechung und tragen möglicherweise zur Verhärtung eines Konfliktes bei. Dies gilt für äußere wie für innere Konflikte. Für unser Buch konzentrieren wir uns auf die inneren Konflikte. Für eine Konfliktklärung bietet sich die Selbstreflexion aus einer Metaperspektive an, damit ich als Supervisor neue Impulse generieren und Veränderungen wagen kann.

6) Reflexivität provoziert Wachstum. Meine Handlungsweise als Supervisor kontinuierlich zum Gegenstand einer (Selbst-)Reflexion zu machen und mich dabei aus verschiedenen Perspektiven zu betrachten, vergrößert auf Dauer das Beobachtungs- und Handlungsspektrum für meine Supervisionspraxis. Mein Kompetenzprofil als Supervisor erhält dadurch mittelfristig mehr Kontur, da ich mich a) mit verschiedenen Phänomenen beschäftigt habe, die im Beratungsalltag aufscheinen, und da mir b) meine zunehmende Reflexivität als Werkzeug zur Verfügung steht, mich professionell in neuartigen Situationen einfinden und bewegen zu können. Zugleich können meine Supervisanden von meinen wachsenden Kompetenzen profitieren, wenn ich sie mit anliegenbezogenen, kreativen, passförmigen und maßgeschneiderten Interventionen inspiriere.

7) Reflexivität verweist auf Lösungsansätze.

Der typische Anlass für eine Reflexion wird aller Voraussicht nach sein, dass ich als Supervisor mit Schwierigkeiten im Verlauf des supervisorischen Prozesses konfrontiert bin. Die Reflexion dient dann dem Ziel, Lösungen für diese Schwierigkeiten zu entwickeln. Meine Absicht, mich von den Schwierigkeiten loszulösen, erfordert ein lösungsorientiertes Denken. Kennzeichen dieses Denkens ist, das Verhältnis von Schwierigkeit und Lösung ggf. zu relativieren und darüber nachzusinnen, a) was eine Verbesserung der Lage ausmacht, b) welche Ressourcen mir für eine konstruktive Veränderung zur Verfügung stehen und c) welche kleinen Schritte mir als Supervisor verdeutlichen, wo ich im Hinblick auf die Schwierigkeiten stehe und wohin ich mich im Sinne einer Verbesserung begeben will. Wenn ich mich meinen Schwierigkeiten respektvoll wie lösungsorientiert stelle, fördert dies meinen kreativen sowie konstruktiven Umgang mit Schwierigkeiten. Darüber hinaus kann ich meine Zuversicht ausbauen und mich gelassen auf die Problemlagen der Supervisanden einstellen.

8) Reflexivität ermöglicht eine demutsvolle Haltung.

Im systemischen Feld existieren verschiedene Metaphern, die die Beziehung zwischen dem Supervisanden und mir als Supervisor thematisieren. Zu diesen Sprachbildern gehört beispielsweise die Aussage: Der Supervisand ist Experte für sein Leben, seine Probleme und seine Anliegen. Oder »Leading from one step behind«. Oder: Handele stets so, dass die Anzahl der Wahlmöglichkeiten größer wird.

Wir greifen gerne auf die Metapher der Demut zurück. Demut verstehen wir als supervisandenzentrierte Dienstleistung. Die Dienstleistung zeigt sich u. a. darin, dass ich mich auf die Anliegen und die damit verbundenen Regungen des Supervisanden konzentriere. Meine Impulse und mein Erleben benenne ich zurückhaltend – vor allem, damit ich den Klienten dazu anrege, anders über sich nachzudenken. Weiterhin äußert sich meine Demut darin, dass ich nicht vorschnell verstehe, sondern ein neugierig Fragender bleibe bzw. den Supervisanden auf Schlüsselworte hinweise und ihn ermuntere, mehr darüber herauszufinden.

Dieses Dienstleistungsverständnis kennt auch Grenzen. Mit Gunther Schmidt bringen wir den Satz in Verbindung: »Wenn es jemandem im Raum besser geht als mir, dem Supervisor, dann stimmt etwas nicht.« Die Demut gegenüber dem Supervisanden stößt auf die Grenze meiner Arbeitsfähigkeit. Indem ich mich als Supervisor gelegentlich auf den Feldherrnhügel begebe, um das supervisorische Geschehen aus einer veränderten Warte zu betrachten, kann ich aufgrund dieser (inneren) Distanz das kommunikative Miteinander reflektieren. Den Supervisionsprozess kann ich dann mit einem Fernglas beobachten, das ich – wie in der Fotografie möglich – mit dem Filter der Demut bzw. der Arbeitsfähigkeit bestücken kann.

9) Reflexivität regt zu selbstständigem Denken an.
Indem ich mich Reflexionsprozessen mit mir selbst und/oder anderen stelle, kann ich mein Supervisionskonzept schrittweise ausbauen und verbessern. Die Selbstreflexion meiner beruflichen Praxis eröffnet mir Ansatzpunkte für sinnvolle Erweiterungen, Modifikationen und Innovationen. Denn ich kann mir bewusst machen, wofür ich das tue, was ich tue, und welchen Motiven und Bedürfnissen ich damit gerecht werde.

Ein wirkungsvolles Instrument für eine solche Reflexion stellen Fragen dar, auf die ich keine vorschnelle Antwort geben kann und die verlangen, dass ich mich emotional, motivational und kognitiv kritisch mit mir selbst auseinandersetze. Begebe ich mich in eine Position zweiter Ordnung zu mir selbst, kann ich mich auf den Weg machen, die Unterscheidungen, die ich getroffen habe, zu hinterfragen, um zu prüfen, ob auch andere Unterscheidungen möglich sind, die andere Anschlüsse bzw. Herangehensweisen nahelegen. Besonders nützlich erscheint uns, gewohnten wie liebgewonnen Erklärungsansätzen respektvoll zu misstrauen, um nicht vorschnellen Antworten aufzusitzen.

Ein zusätzlicher Weg, sich produktiv in eine Reflexion zu begeben, besteht darin, intensiven Emotionen auf den Grund zu gehen. Das kann beispielsweise mein Ärger auf eine Person des Supervisionssystems sein. Bei der Selbstbefragung kann ich als Supervisor einen Dreischritt mit Fragen vollziehen:

- *Erster Schritt:* Was genau im Verhalten des Supervisanden weckt meinen Ärger? Wie müsste er sich verhalten, dass mein Ärger verschwinden würde? Wie müsste sich der Supervisand geben, dass mein Ärger verstärkt wird?

- *Zweiter Schritt:* Auf welches meiner Bedürfnisse weist mein Ärger hin? Was müsste geschehen, dass ich mich stärker arbeitsfähig erlebe? Wann habe ich im Kontakt mit dem Supervisanden keinen Ärger erlebt? Was war in der Szene anders? Wie erkläre ich mir mein verändertes Erleben?
- *Dritter Schritt:* Was sagt meine aktuelle Art und Weise, wie ich mit dem Supervisanden über Ärger in Kontakt gehe, über Teamdynamiken, das Arbeitsfeld bzw. die Klienten der Supervisanden aus? Auf welchen Teamkonflikt weist mein Ärger möglicherweise hin?

Diese Erkenntnisse kann ich wiederum für Anregungen im Hinblick auf eine Folgesitzung nutzen. Dies gelingt umso besser, wenn ich als Supervisor auf der einen Seite auch die Absicht verfolge, konstruktive Prozesse transparent im Team anzustoßen, und auf der anderen Seite mir die Lage der Supervisanden nicht gleichgültig ist. Dies leitet zum 10. Aspekt über.

10) Reflexivität unterstützt Demokratisierungsprozesse. Demokratisierungsprozesse können dann einsetzen, wenn Interessenlagen von Personen oder Gruppen als berechtigt wahrgenommen, öffentlich benannt, durch Sprecher vertreten und mit Konfliktpartnern verhandelt werden. Ein demokratisches Verständnis impliziert, dass Interessengruppen, denen durch gewählte Entscheider Ressourcen zugesprochen wurden, diese auch wieder verlieren können, weil andere politische Werte in den Vordergrund gestellt werden. Eine turnusmäßige, auf Gleichberechtigung gestellte Neuverteilung von Ressourcen ließe sich als Indiz für ein demokratisches Miteinander werten.

Was haben diese allgemeinen Überlegungen mit Supervisionsprozessen zu tun? Prinzipiell bezieht sich Supervision auf psychologische und soziallogische Prozesse. Dabei gilt das Primat der Soziallogik. Die Reflexion dieser beiden Ebenen und das Bewusstmachen der damit verbundenen Konflikte und Werteausrichtungen sensibilisieren für demokratische Prozesse. Das Fokussieren auf Interessenlagen und die Befähigung, diese mit Entscheidungsträgern zu verhandeln, sind nicht selten Gegenstand von Supervisionen. Das Bedenken der wechselseitigen Positionen, das Starkmachen der eigenen Position, das Formulieren von als berechtigt empfundenen und optimalerweise vom Gesetz untermauerten Forderungen nach mehr Gerechtigkeit im institutionellen Miteinander gehören mit zum Ensemble eines demokratischen Miteinanders. Vor allem das Eintreten für Werte sowie die Reflexion von Moral und Ethik befähigen zu einer Multiperspektivität, die demokratische Werte bejaht, lebt und verteidigt.

2 1 plus 5 Aspekte für eine konstruktive (Selbst-)Reflexion

Im Folgenden gehen wir der Frage nach, welche Gesichtspunkte bei der Reflexion des supervisorischen Geschehens besonders bedeutsam sind. Dabei betrachten wir das Beratungsgeschehen aus dem Blickwinkel des Supervisors auf den Supervisionsprozess. Dafür haben wir uns vergegenwärtigt, welche Gesichtspunkte für eine gewinnbringende Reflexion infrage kommen.

Blickpunkte der Reflexion	**Ziele der Reflexion**	**Grundsätze der Reflexion**
Selbstreflexion	Fokussieren • der Nützlichkeit einer Supervision für den Supervisanden • des Verhältnisses von Beratung, Begleitung und Anleitung • der eigenen fachlichen Weiterentwicklung	• effizientes Beratungshandeln • Lernen als lebenslanger Prozess • bewusste Ressourcenorientierung • Kenntnis von Einladungen zu ichzentrierten Stellungnahmen • achtsamer Umgang mit eigenen sensiblen Themen
Haltung und Rolle	Realisierungen • einer systemischen Haltung • eines systemischen Rollenverständnisses	• Haltung des Nichtwissens, des Nichtverstehens, des Eingebundenseins, des Vertrauens • 10 plus 1 Leitsätze
Supervisionskonzept	Umsetzen • des eigenen Supervisionskonzepts für den konkreten Fall/für das Vorgehen als Supervisor	• Abgleich der Erfahrungen aus der eigenen Praxis mit den Ideen des systemischen Denkens • Übertragung (praxis)theoretischer Entwicklungen auf das eigene Supervisionskonzept
Arbeitsbeziehung	Fokussieren • der Qualität der Kooperation • der Funktionalität der Interaktionsmuster	• Kooperation als Grundlage für eine Passung des Vorgehens • Anschlusskommunikation als Variable eines konstruktiven Entwicklungsumfeldes

Blickpunkte der Reflexion	**Ziele der Reflexion**	**Grundsätze der Reflexion**
Supervisand	Bewusstmachen • der Ziele und Anliegen des Supervisanden • des eigenen Rollenverständnisses und seiner Selbstdefinition im beruflichen Kontext	• Anliegen- und Auftragskonzept • Aktivieren von Ressourcen zur Bewältigung der Berufspraxis • Verhältnis der Aspekte Person, Rolle, Organisation und Handlungsfeld als Einflussgrößen einer klaren Selbstdefinition
Prozessführung	Anstreben • einer Balance von Sicherheit und Anregung • einer ressourcenaktivierenden Begleitung der Supervisanden • von Resonanzphänomenen und Metakommunikation	• Ressourcenorientierung, Beachten von Resonanzphänomenen, Ermöglichen von Reflexion, Herstellen von Reflexivität • Prozessorientierung • Wertschätzung

Abb. 2: Fokusse der professionellen Supervisionsreflexion (verändert nach Lüschen-Heimer u. Michalak 2019, S. 198)

Sechs Aspekte haben wir dafür zusammengestellt. Da wir die Selbstreflexion als Rahmen ansehen, der die weiteren fünf Aspekte einfasst, sprechen wir von 1 plus 5 Gesichtspunkten:

- Selbstreflexion (als Rahmen)
- Haltung und Rolle
- Supervisionskonzept
- Arbeitsbeziehung
- Supervisand
- Prozessführung

Für jeden dieser Fokusse schlüsseln wir auf, welche Ziele wir mit ihm verfolgen und auf welchen Grundsätzen er basiert. Die Abbildung 2 verdeutlicht unser Verständnis anhand einer Grafik. Sie eignet sich zudem als Überprüfungsinstrument. Der Supervisor kann entscheiden, welche Reflexion er ansteuern will, um Supervisionsprozesse genauer unter die Lupe zu nehmen.

2.1 Selbstreflexion

Realisierung des Fokus *Selbstreflexion*

Selbstreflexion bezieht sich auf die Prozesse, in denen sich eine Person mit ihrem eigenen Erleben und Verhalten auseinandersetzt. Sie zielt auf einen konstruktiven Umgang mit diesen Prozessen und gewährleistet dadurch eine professionelle Handlungsfähigkeit.

Sie kann in verschiedenen Systemtypen stattfinden. In der Supervision begibt sich der Supervisand anliegenorientiert auf eine begleitete Erkundungstour über seine Ausstattung als Person und seine Rollen. Die Themen, die im Zuge der Selbstreflexion bedeutsam werden, bereiten Supervisand und Supervisor gemeinsam interaktiv auf. Ein anderes Vorgehen besteht darin, dass ich mich selbst ohne die Gegenwart anderer Personen reflektiere. Das kann beispielsweise nach einem Beratungsgespräch geschehen, das in mir ein Fragezeichen hinterlassen oder mich mit irritierenden Gefühlen konfrontiert hat. Die Reflexion erfolgt im (gedanklichen) Dialog mit mir selbst oder schriftlich wie bei einem Tagebucheintrag. In der ersten Variante vollzieht sich die Selbstreflexion in einem sozialen System, in der zweiten in einem psychischen System.

Gedanken zum Selbst in der *Selbstreflexion*

Wortwörtlich genommen erkundet eine Selbstreflexion das Selbst, das als Referenzgröße dient. Was versteht man unter dem Selbst? Bei unseren Überlegungen dazu folgen wir Peter Fuchs (2005, 2010b).

Das Selbst im Verständnis von Peter Fuchs

Das Selbst verortet Fuchs im psychischem System und unterstellt ihm eine konstante Struktur. Das Wort »ich« verweist auf diese innere Struktur. Dadurch ermöglicht das Selbst eine innere Adressabilität und fungiert zugleich als Sinnsystem. Wenn ich beispielsweise mein Ich als zentrale Instanz dazu befrage, was mich motiviert, so zu handeln, wie ich gerade als Supervisor handele, befinde ich mich in einem inneren Dialog, in dem ich mein »Selbst« anspreche.

Dieses »Innensprechen« kann man als eine Verknüpfung von Beobachtungen zweiter Ordnung verstehen. Was bedeutet das? Wenn ich mich frage, weshalb ich eine Intervention in einer Beratungsszene eingesetzt habe, begebe ich mich in eine Metaposition, die den Ichzustand, der in der Beratungsszene aktiv war, zum Gegenstand macht. Die Beobachtung aus der Metaposition, was diesen Ichzustand in der Beratungsszene motiviert hat, entspricht einer Beobachtung zweiter Ordnung. Dauert dieser innere Dialog an, kann man von einer Verkettung von Beobachtungen zweiter Ordnung sprechen.

Für innere Dialoge von einer Kontrollinstanz auszugehen liegt auf der Hand. Laut Fuchs kennt die innere Figur des Selbst keine Stelle im System, die das System kontrolliert. Daher spricht er im Hinblick auf das Selbst von einer Zwiebel ohne Kern. In unserem alltäglichen sozialen Miteinander wird diese Einheit in unserem Selbst vorausgesetzt, damit beispielsweise eine Unterschriftsfähigkeit gegeben ist und jemand als Person ansteuerbar ist. Man könnte sagen: Es wird eine soziale Adresse unterstellt, für die man eine interne »Selbstverfügbarkeit« annimmt.

Das Selbst aus einer psychoanalytischen, dialogischen und Ego-State-Perspektive

Ein Selbst, das über keinen Kern verfügt, ruft Irritationen hervor, weil es dem Denken widerspricht, dass das Selbst wie eine Steuerzentrale prozessiert, die bei Konflikten die Führung übernimmt und Direktiven vorgibt. Dieses weitverbreitete Verständnis vom Selbst ist nachvollziehbar – vor allem, wenn sich ein Kollege auf *psychoanalytische Konzepte* beruft. Die Aufteilung der Psyche in ein Ich, Über-Ich und Es ist mit der These verbunden, dass das Ich die Impulse aus dem Über-Ich und Es wie eine Schaltzentrale reguliert. Gelingt das Management nicht, wird eine Ichschwäche attestiert. Diese Überlegungen gründen auf einer hierarchischen Konzeption.

Eine alternative Sicht ist: das Selbst zeichnet sich durch kooperative Prozesse aus. Im *Selbstmanagement-Ansatz* nach Storch und Krause (2009) wird anschaulich modelliert, wie eine solche Kooperation abläuft. Als Hauptakteure bei Prozessen zur Entscheidungsfindung gelten die Vernunft und das emotionale Erfahrungsgedächtnis. Beide Systeme unterscheiden sich z. B. in ihren Arbeitsweisen: Während die Vernunft langsam operiert, meldet sich das emotionale Erfahrungsgedächtnis mithilfe somatischer Marker in Sekundenschnelle zu Wort. Die Vernunft und das emotionale Erfahrungsgedächtnis in einen Dialog zu bringen macht gute Entscheidungsprozesse aus. Man könnte auch von einem konstruktiven Ambivalenzmanagement sprechen.

Während man im Selbstmanagement-Ansatz von zwei Hauptakteuren ausgeht, erhöhen Konzepte, die eine Vielzahl von *Ego-States* berücksichtigen, die Komplexität des Innensprechens und die Anzahl der Bezugsgrößen, die für einen inneren Dialog relevant sind. Wenn man von einer Zwiebel ohne Kern spricht, dann empfiehlt es sich, Ego-State-Konzepte als Landkarte zu konzipieren. Die Gedanken von Thomas Bernhard zur Unmöglichkeit einer Selbstbeobachtung unterstreichen unsere bisherigen Überlegungen:

> »[...] wir sprechen davon, dass wir uns selbst beobachten als der, der wir sind, wenn wir uns selbst beobachten, der wir aber niemals sind, wenn wir uns nicht selbst beobachten, und also beobachten wir, wenn wir uns selbst beobachten, niemals den, welchen wir zu beobachten beabsichtigt haben, sondern einen Anderen.«

Das Selbst in unseren Alltagserfahrungen

Unsere alltäglichen Erfahrungen stehen im Widerspruch zum Modell des Selbst als kernloser Zwiebel. Ziehen wir sie im Hinblick auf unser Innensprechen zurate, erleben wir ein stabiles Selbst. Wesentlich für ein Selbst, dem man wiederbegegnet, ist unsere *Körperlichkeit*. In den Zeiten, in denen wir wach sind, lenken wir unsere Aufmerksamkeit wiederholt auf unseren Körper. Wir erfahren uns beispielsweise in unseren Bewegungen, über Berührungen, im Kontakt mit der Umwelt oder über unsere Körperbeherrschung, wenn wir beispielsweise beim Laufen Ortswechsel vornehmen. Weitere Erfahrungen, die zu der Idee eines stabilen Selbst beitragen, sind unsere Gewohnheiten, Vorlieben und automatischen Reaktionen, die wir ausgebildet haben. Sie ermöglichen uns das Erlebnis von Sicherheit und Stabilität. Wir erkennen uns darin wieder und bauen darauf unser Selbstkonzept auf. Psychologisch betrachtet konstruieren und erleben wir uns als authentisch. Authentizität bedeutet dabei, dass wir unseren Lebensvollzug gemäß unseren Werten gestalten. Solange wir uns in einem mittleren Stresserleben befinden, nehmen wir uns in vielen Momenten als authentisch wahr.

Geraten wir in Situationen, die wir als gefährlich bewerten – auch wenn sie es für andere Beobachter nicht sind –, stehen wir unter erhöhtem Stress, und das limbische System löst die Großhirnrinde bei der Bewältigung der Situation ab. Unter dem Eindruck von Furcht stehen uns dann als Problemlösung zur Wahl: Flucht, Angriff oder der Totstellreflex. In diesen Szenen kann es passieren, dass wir Seiten von uns erleben, die uns unbekannt sind oder die wir im Alltag ablehnen. Diese Erfahrungen gilt es anschließend zu verarbeiten und zu integrieren, da sie von den Vorstellungen über die eigene Authentizität abweichen. Wir halten stets Überraschungen für uns bereit, wenn wir unsere Komfortzonen verlassen (müssen).

Bei näherer Betrachtung erscheint uns das Selbst allerdings wie ein Chamäleon. Weshalb? Beispielsweise trifft es Aussagen über uns oder unsere Umwelt, die es im nächsten Moment dementiert. Dann wieder neigt es im Angesicht von Ungewissheit zu radikalen Verhaltensweisen. Manche der Selbstäußerungen erleben wir als fremd oder störend, weil wir sie mit abgelehnten Werten verbinden. Tauchen diese befremdlichen Äußerungen des Selbst auf, meldet sich für gewöhnlich Sekunden später eine Stimme, die diesen befremdlichen Gedanken entgegentritt.

Sobald verschiedene Regungen, Stimmen, Seiten oder Ego-States die innere Bühne bevölkern, erleben wir beim Innensprechen ein Selbst, welches sich durch Vielstimmigkeit und Multiperspektivität auszeichnet. Zu dieser Vielfalt gehören auch unwillkürliche Prozesse, die sich zu den willkürlichen Prozessen gesellen. Sie unterscheiden sich vor allem darin, dass unwillkürliche Prozesse unsere Handlungen stark steuern.

Das Selbst: Kooperation im Angesicht von Vielstimmigkeit

Wie kann man nun diese Vielfalt managen? Unsere Antwort lautet: durch Kooperation. Optimalerweise werden alle Stimmen beachtet, die sich melden. Wenn wir den Themen der Stimmen Gehör schenken, beginnen wir einen kooperativen Prozess, in dem wir über Verhandlung sinnvolle Ergebnisse für die weiteren Handlungsschritte erzielen können. Die Erfahrung, dass unser Innensprechen, unser Innendialogisieren und unser Kooperieren gewinnbringend sind und uns zu Problemlösungen verhelfen, bestärkt uns darin, kooperative Verhandlungen zu wagen. Auch wenn das Selbst vermutlich über keinen Kern verfügt, machen wir nichtsdestotrotz die Erfahrung, dass ein Selbst adressierbar ist, auch wenn dieses Selbst wie ein Formenwandler agiert, der widersprüchliche Positionen bezieht. Manchmal ist die Selbstverfügbarkeit angesichts subjektiv erlebter Gefahr nicht möglich, sodass einer anderen Seite im Nachhinein nichts anderes übrigbleibt, als das Geschehene kreativ einzuordnen und plausibel zu erklären.

Unser Verständnis von *Selbstreflexion*

In Anbetracht der obigen Überlegungen schlussfolgern wir: Selbstreflexion führt uns selten zu eindeutigen und überdauernden Erkenntnissen. Unsere Selbstreflexion liefert uns Aussagen über den augenblicklichen Zustand des Selbst und bietet uns damit Orientierung für die nächsten Handlungsschritte. Das Fehlen einer Kontrollinstanz regt uns zur Suche nach einer Kooperation unserer inneren Regungen an. Auf der Basis eines solchen Kooperationsverständnisses können wir unsere Absichten leicht in die Tat umsetzen. Dabei wird eine Selbstreflexion, die wir dialogisch mit einem Gegenüber führen, uns möglicherweise zu anderen Erkenntnissen führen als ein »Innensprechen«, das wir allein im psychischen System praktizieren.

Ziele der *Selbstreflexion*

Eine Selbstreflexion zielt darauf, dass wir die verschiedenen Seiten unseres Selbsterlebens miteinander in Einklang bringen. Sie verhilft uns zu Erkenntnissen, wie wir mit unserer *inneren Pluralität* sinnvoll umgehen können. Diese vielfältigen inneren Regungen melden sich auch während eines Supervisionsprozesses. Mit ihnen vertraut zu sein kann uns bei der Arbeit als Supervisor produktiv unterstützen.

Beispielsweise erlebe ich während des Gesprächs mit dem Supervisanden Minderwertigkeitsgefühle. Diese könnten mich dazu bringen, dass ich mich im Gespräch zurücknehme und meine Aufmerksamkeit stark nach innen richte und daher nicht mehr mit meiner Aufmerksamkeit beim Supervisanden bleibe. Habe ich vorher in meinen Selbstreflexionen verstanden, womit meine Minderwertigkeitsgefühle zusammenhängen, kann ich ihr Auftauchen während einer Supervision utilisieren. Ich kann mich dann fragen, worauf ich gerade reagiere. Möglicherweise spüre ich Gefühle, die der Supervisand abwehrt. Reflexive Erfahrungen mit meiner Personausstattung bereichern somit meine Tätigkeit als Supervisor, weil ich dann meine Interventionen bewusst, kreativ und konstruktiv in einen Supervisionsprozess einbringe.

Supervision erzeugt Reflexionskommunikationen. Will ich meine *Reflexivität* ausbauen, benötige ich selbstreflexive Erfahrungen in Gruppensettings oder mit mir alleine. Hinzu kommt: Selbstreflexionen im Kollegenkreis können als Modell für Selbstreflexionen mit mir selbst dienen. Dieses Wechselspiel gilt auch umgekehrt. Von den Selbstreflexionen profitiert beispielsweise meine supervisorische Prozessgestaltung und die Art, wie ich interveniere bzw. konstruktive Fragen stelle. Denn meine Fragen als Supervisor inspirieren den Supervisanden zu Reflexionen über seine berufliche Praxis. Optimalerweise tragen diese Reflexionen dazu bei, dass er neue Handlungsmöglichkeiten für ähnlich gelagerte Situationen entwickelt. Anders formuliert: Eine konstruktive Selbstreflexion erzeugt eine konstruktive Selbstreflexion erzeugt eine konstruktive Selbstreflexion ...

Reflektieren können wir außerdem unsere Haltung, die Methoden und Techniken, die wir einsetzen, den Prozess, die Interaktionsmuster während der Supervision und die Anliegen der beteiligten Personen. Den supervisorischen Prozess im Hinblick auf die Anliegenentwicklung Revue passieren zu lassen erlaubt es uns, der Frage nachzugehen, wie nützlich die Supervision für den Supervisanden ist und ob ich als Supervisor verstanden habe, bei was ich dem Supervisanden behilflich sein soll. Weiterhin können wir selbstreflexiv unsere Supervisionsprozesse daraufhin untersuchen, wie es um das Verhältnis der Hilfesysteme Beratung, Begleitung und Anleitung in der Supervision bestellt ist (vgl. Ludewig 2015). Der Blick auf die drei Hilfesysteme ist eng mit meiner Selbstdefinition als Supervisor verknüpft. Werde ich als Supervisor verstärkt anleitend angefragt? Wie reagiere ich darauf? Wenn ich mich oft anleitend anfragen lasse: Was bedeutet dies für mein Selbstverständnis als Supervisor?

Kontinuierliche Selbstreflexionen tragen dazu bei, dass wir Supervisoren unsere *Arbeitsfähigkeit* auf- und ausbauen.

Grundsätze der Reflexion im Hinblick auf *Selbstreflexion*

Eine fortwährende Anliegenentwicklung, eine konsequente Ressourcenaktivierung, lebenslanges Lernen, das Bewusstsein über die eigenen Grenzen und Möglichkeiten sowie die Förderung der Arbeitsfähigkeit betrachten wir als Grundsätze im Hinblick auf das Thema Selbstreflexion.

Supervision als Beratungsformat beschreibt eine Dienstleistung, die auf dem freiberuflichen Markt mit einem Honorar berechnet wird. Sie unterstützt Personen bei der Bearbeitung ihrer berufsbezogenen Anliegen. Dafür stellt sie eine multiperspektivische Reflexionskommunikation bereit, in der das Wechselspiel aus Person, Rolle, Organisation und Handlungsfeld intensiv bedacht wird. Reflexionskommunikation, die auf der Grundlage von Anliegen vollzogen wird, erlaubt eine effiziente Beratung. Wie schon mehrmals betont verstehen wir eine konsequente wie *fortwährende Anliegenentwicklung* als zentralen Grundsatz für eine gewinnbringende Selbstreflexion.

Eine bewusste *Ressourcenaktivierung* sehen wir als einen weiteren wichtigen Grundsatz an. Klaus Grawe (1998) hat sich mit Wirkprinzipien im Hinblick auf eine allgemeine Psychotherapie intensiv auseinandergesetzt. Die Ressourcenaktivierung hat er als eines von vier Wirkprinzipien isoliert. Wir verstehen Psychotherapie als eine Sonderform von Beratung, sodass wir Grawes Beobachtungen auch auf die Supervision als Beratungsformat übertragen können. Pointiert hat er sinngemäß formuliert: Ohne Ressourcen gibt es keine Bewegung zum Positiven. Wendet sich der Supervisor seinen Ressourcen zu, dann können sie seine Selbstwirksamkeitsüberzeugungen fördern. Auch erlaubt eine Ressourcenorientierung, dass sich der Supervisor seiner vorhandenen Fertigkeiten erinnert, die er bereits in verschiedenen Beratungen genutzt hat. Auf diese Weise ist er in der Lage, ähnlich gelagerte Situationen zu meistern.

Zudem geht die Aktivierung von Ressourcen mit einer veränderten Aufmerksamkeitsfokussierung einher, die nicht selten dazu anregt, noch weitere zieldienliche Ressourcen zu aktivieren. Eine solche Aktivierung basiert auf der Haltung der Ressourcenorientierung. Gerade die Annahme, dass Menschen über alles verfügen, was ihnen hilft, ihre Probleme zu lösen (Walter u. Peller 1994), erlaubt es dem Supervisor, dem Supervisanden mit Zuversicht zu begegnen.

Eine kontinuierliche Selbstreflexion begreifen wir zudem als Beitrag zu einem lebenslangen *Lernprozess*. In der Selbstreflexion entstehen neue Erkenntnisse über die eigene Person und das eigene Rollenhandeln. Wenn man mit anderen Kollegen über die Selbstreflexion kommuniziert, trägt sie zu einer gegenseitigen Anregung und zur

Weiterentwicklung des eigenen Profils sowie des Supervisionskonzepts bei. Durch den intensiven Austausch mit gleichgesinnten Berufskollegen finden neuere Konzepte Eingang in das eigene Kompetenzprofil.

Weiterhin wächst über eine fortwährende Selbstreflexion das Bewusstsein über die eigenen Möglichkeiten und Grenzen sowie über methodische Vorlieben und Abneigungen. Dazu zählt auch ein Wissen darüber, wie Supervisanden den Supervisor zu ichzentrierten Stellungnahmen einladen. Damit ist gemeint, dass ich mich als Supervisor inspiriert fühle, ausführlich über eigene Erfahrungen zu berichten. Solche Erzählungen verleiten den Supervisor, die Anliegen des Supervisanden zeitweise in den Hintergrund zu stellen. Eine Kenntnis der eigenen Lieblingsthemen schützt vor ausführlichen Selbstberichten.

In jeder Supervision werden auch Themen behandelt, die mich und meine Lebensgeschichte betreffen. Zeitweise werde ich als Supervisor unerwartet mit eigenen Themen konfrontiert, die bei der Anliegenentwicklung meines Supervisanden »aufploppen«. Selbstreflexion führt zu einem achtsamen Umgang mit sensiblen Themen. Wenn man die eigenen Themen kennt und selbstreflexiv einen Umgang mit ihnen gefunden hat, erhöht dies die eigene Arbeitsfähigkeit als Supervisor und hält sie in schwierigen Situationen aufrecht.

Durchführung einer *Selbstreflexion*

Die folgende Fragensammlung eignet sich für eine Selbstreflexion. Bei Bedarf können Sie sich diese Liste kopieren, sodass Sie sie an unterschiedlichen Stellen Ihres supervisorischen Wirkens verwenden können.

Frage 1 Welche meiner Kompetenzen helfen mir, herausfordernde Situationen zu meistern?
Meine Antwort
Frage 2 Welche Themen begeistern mich und verführen mich dazu, ausführlich Stellung zu nehmen?
Meine Antwort
Frage 3 Welche Lebenserfahrungen verbinde ich mit den Themen Autonomie, Sicherheit und Selbstakzeptanz?
Meine Antwort

Frage 4 Was sind meine sensiblen Themen?
Meine Antwort
Frage 5 Wie kann ich Ichzustände, die mit einer Altersregression verbunden sind, utilisieren, um mich wieder in einen selbstwirksamen Zustand begeben zu können?
Meine Antwort
Frage 6 Welche Erfahrungen habe ich damit gemacht, achtsam mit meinen sensiblen Themen umzugehen?
Meine Antwort
Frage 7 Wie oft praktiziere ich Selbstreflexionen? Wann begebe ich mich dafür in kollegiale Settings?
Meine Antwort
Frage 8 In welchen Hilfesystemen bin ich oft unterwegs? Wie erkläre ich mir, dass ich mich bei meinem Supervisanden vor allem in einem Hilfseystem anfragen lasse?
Meine Antwort
Frage 9 Wie hat sich meine Selbstdefinition als Supervisor in der letzten Zeit verändert? Welche Merkmale bleiben stabil? Welche sind variabel?
Meine Antwort
Frage 10 Welche drei zentralen Merkmale kennzeichnen meine Haltung als Supervisor?
Meine Antwort
Frage 11 Welche Interaktionsmuster haben sich in der Supervision herausgebildet? Wie kommen sie zustande? Wie erkläre ich sie mir? Wofür sind sie hilfreich? Wem nutzen sie? Was würde eine Veränderung der Interaktionsmuster bewirken?
Meine Antwort
Frage 12 Als wie effizient erlebt der Supervisand den supervisorischen Prozess?
Meine Antwort

Abb. 3: Fragen zur Selbstreflexion

2.2 Haltung und Rolle

Realisierung des Fokus *Haltung*

Was kennzeichnet eine systemische Haltung? Unsere Ausgangsfrage beantworten wir in zwei Schritten. Zunächst beschäftigen wir uns mit dem Begriff »systemisch«. Anschießend gehen wir auf den Begriff Haltung ein, wobei wir Haltung sowohl als Körperstellung als auch als innere Einstellung verstehen (vgl. Lüschen-Heimer u. Michalak 2019).

Was ist mit »systemisch« gemeint?

»Systemisch« verweist als Eigenschaftswort auf das Hauptwort »System« dieses stammt vom altgriechischen »sýstema« ab und bedeutet »das Gebilde, Zusammengestellte, Verbundene«. Teams werden beispielsweise als System bezeichnet. Wenn man bei einem Team von einem System spricht, dann ist es von Interesse, welche Teammitglieder zu dem Team dazugehören, wie sie gemeinsam ihre Aufgabe bearbeiten bzw. wie die Teammitglieder miteinander in Beziehung stehen und wie die Kriterien für die Zugehörigkeit zum Team lauten. Abstrakter formuliert: Man schaut auf die Elemente (Teammitglieder) des Systems, ihre Relationen (ihre Arbeitsverhältnisse und Beziehungen untereinander) und die Systemgrenze (Zugehörigkeit).

Ein systemischer Supervisor richtet sein Augenmerk zunächst auf Wechselwirkungen im Team. Im zweiten Schritt beobachtet er, wie es um die jeweiligen Teammitglieder als Person steht oder wie es ihnen in ihrer Rolle ergeht.

- Wie reguliert beispielsweise ein Team als System den Stress, wenn zwei Personen krank geworden sind und zugleich ein Arbeitsauftrag termingerecht fertiggestellt werden muss?
- Wie kommunizieren die Teammitglieder ihre Möglichkeiten und Grenzen, den Auftrag in der gegebenen Zeit zu erfüllen?
- Welche Strukturen und Prozesse helfen bei der Stressbewältigung? Welche behindern sie?
- Wenn weitere Probleme auftauchen: Wie werden sie gelöst? Wer ist daran wie beteiligt?
- Wie gelingt es dem Team sozial und kommunikativ, die Aufgabe trotz Stressoren (Personalmangel) erfolgreich zu erledigen?

Verkürzt könnte man sagen: Der Supervisor schaut nicht vorrangig auf das Erleben einer Person in einem Team, sondern auf das soziale Miteinander, auf die Wechselwirkungen zwischen den Teammitgliedern. Er untersucht also das *Wie* der Interaktionen und das *Was* der Rahmenbedingungen (Kontext). Dabei laufen folgende Frage mit:

- Wie nützlich sind die Interaktionsprozesse für die Aufgabenbearbeitung?
- Wie kann man die Interaktionen verbessern, damit die Aufgabe möglicherweise termingerecht erledigt werden kann?
- Mit wem ist worüber zu sprechen, damit das Team Unterstützung von Kollegen aus anderen Teams bekommt?
- Was bedeutet ein Terminaufschub für die Organisation und das Team?
- Was geschieht, wenn der Arbeitsauftrag nicht fristgerecht bearbeitet wird?
- Welche Auswirkungen könnten damit verbunden sein?

Einen anderen Systembegriff hat Niklas Luhmann (1984) entwickelt. Sein Ausgangspunkt ist die *System-Umwelt-Differenz*. Ein Team grenzt sich von seiner Umwelt ab. Durch die Grenzziehung erlangt das System seine Kontur. Das Team der Erziehungsberatung (EB-Team) markiert beispielsweise seine Unterschiede in der Aufgabenstellung und in der Arbeitsweise im Vergleich zum Team der Schuldnerberatung, das demselben Verband angehört. Zur Umwelt des EB-Teams zählen unzählige andere Teams, die möglicherweise Anregungen für das EB-Team bereithalten. System und Umwelt werden zugleich voneinander unterschieden und als Einheit gedacht. In der Umwelt jeden Systems befinden sich unzählige andere Teams.

In seiner Systemtheorie unterscheidet Luhmann zudem verschiedene Systemtypen: das biologische, das psychische und das soziale System. Unser Nervensystem beispielsweise wird dem biologischen System zugeordnet; kennzeichnend ist, dass es über elektrische Impulse operiert. Unser Geist (verstanden als Vernunft und Denken) wird als psychisches System bezeichnet. In diesem System schließen Gedanken an Gedanken – diese Vorgänge bestimmen seine Arbeitsweise. Im sozialen System hingegen schließen Kommunikationen aneinander an. Jeder Systemtyp gehört zur Umwelt der anderen Systemtypen. Dadurch, dass die Arbeitsweisen der Systemtypen unterschiedlich sind, können sie nicht eins zu eins ineinander überführt werden. Sie sind miteinander gekoppelt. Ein Stechen im Bauchraum könnte auf Ärger, aber auch auf Hunger hindeuten. Die Frage ist, wie das psychische System dieses Ereignis im biologischen System beobachtet. Zwei psychische Systeme bilden die Voraussetzung dafür, dass ein soziales System entstehen kann. Während eine Kommunikation läuft – was heißt, dass auf einer Handlungsebene Mitteilung auf Mitteilung folgt –, können im psychischen System Gedanken zu anderen Themen aneinander anschließen.

Kann man ein System wie ein Team objektiv beobachten, um auf der Basis einer solchen Diagnostik schwierigen Prozessen entgegenzusteuern? Systemiker verneinen diese Frage, da sie annehmen, ihre Beobachtungen seien stets *subjektiv*. Angenommen, zwei Supervisoren sehen und hören getrennt voneinander dasselbe Team in einem Videoausschnitt. Wenn anschließend die Supervisoren einzeln befragt werden, wie sie das Team erlebt haben, so ist es sehr wahrscheinlich, dass sich ihre Meinungen über das Team unterscheiden. Woran liegt das? Für die Antwort lohnt es sich, zunächst darauf einzugehen, was wir unter Beobachtung verstehen. Eine Beobachtung setzt sich aus zwei Vorgängen zusammen. Eine Person wird zum Beobachter, weil sie unterscheidet und bezeichnet. Ein Beispiel aus der Forstwirtschaft: Nenne ich einen Baum, der nach einem Sturm umgeknickt ist, Schadholz oder Biomasse? Ein Schadholz muss aus dem Wald entfernt werden. Biomasse kann man im Wald liegen lassen, um den Wald bei seiner Ausbreitung bzw. Regeneration zu unterstützen (vgl. Wohlleben 2020). Analog dazu gelangt jeder Supervisor als Beobachter durch seine Beobachtungen zu anderen Sichtweisen und Erkenntnissen über die Wirklichkeit des Teams.

Systemiker äußern eine weitere Idee, weshalb sie Beobachtungen als nicht objektiv einstufen. Das liegt darin begründet, dass sie Menschen als lebende Systeme betrachten. Wenn ein systemischer Supervisor von seinen Supervisanden als lebenden Systemen spricht, verweist er darauf, dass er ihnen die Fähigkeit zur *Selbstorganisation* zuschreibt. Damit sind weitere Annahmen verbunden. Dem Supervisanden als lebendem System wird unterstellt, dass er eine *Eigenlogik* besitzt. Man könnte auch sagen, seine Ausstattung als Person ist stets individuell. In der Auseinandersetzung mit seinen Lebenswelten hat ein Mensch unter dem Einfluss seiner Gene ganz eigene Strukturen in seinem Gehirn ausgebildet. Beide Faktoren, Anlage und Umwelt, beeinflussen sich gegenseitig. Erkenntnisse über die Plastizität unseres Gehirns und die Epigenetik scheinen diese Sichtweise zu bestätigen. Die Annahme einer Eigenlogik bezieht sich auf die individuelle Ausstattung der Person, ihre Körperlichkeit und die Plastizität ihres Gehirns.

Anders ausgedrückt: Jedes lebende System reagiert auf eine durch die Eigenlogik beeinflusste Art auf die Anregungen von außen. Man könnte auch sagen: Jeder Kommunikationsteilnehmer hört, was *er* hört, und versteht, was *er* versteht. Denn die Wahrnehmung des Umweltreizes ist etwas anderes als der Umweltreiz selbst. Dies gilt auch für die Interventionen in der Supervision. Jeder Supervisand reagiert auf seine ganz eigene, individuelle Weise auf Anregungen von außen oder innen. Informationen lassen sich nicht einfach vom Supervisor auf den Supervisanden transferieren. Hinzu kommt, dass sich die Eigenlogik des Supervisanden einer absichtsvollen Einflussnahme entzieht. Zugleich wird aber eine gewisse Umweltoffenheit angenommen. Sonst wären Anregungen von außen – aus der Umwelt – ohne Bedeutung. Diese Überlegungen erinnern an das Wechselspiel von Assimilation und Akkommodation. Assimilation meint die Anpassung des Wahrgenommenen an das eigene Wahrnehmungssystem und Akkommodation die Anpassung des eigenen Wahrnehmungssystems an das Wahrgenommene.

Die Behauptung, dass eine bestimmte Intervention den Supervisanden dazu gebracht hat, sich in die gewünschte Richtung zu verändern, entpuppt sich angesichts einer systemischen Denkweise als Illusion. Ludewig (2015, S. 142) hat dieses Dilemma, vor dem man als Supervisor steht, treffend auf den Punkt gebracht:

> »Handele wirksam, ohne im Voraus zu wissen, wie und was dein Handeln auslösen wird.«

In dieser Aussage scheint die Einzigartigkeit jedes Menschen durch. Eine Arbeit mit Patentrezepten und eine starke Orientierung an Supervisionsmanualen erscheinen daher nur bedingt kompatibel mit dem systemischen Menschenbild.

Für die Selbstorganisation und immer wieder anstehende Veränderungsprozesse ist die Möglichkeit, auf Ressourcen zurückzugreifen, äußerst wichtig. Entsprechend räumt der systemische Ansatz als Wirkprinzip in Beratungskontexten der Ressourcenaktivierung einen zentralen Platz ein. Walter und Peller (1994) behaupten als Basis für diese Idee:

> »Menschen verfügen über alles, was sie brauchen, um ihre Probleme zu lösen.«

Man kann diese Aussage auch dahingehend verdichten, dass ich mich als Supervisor fragen kann, wie ressourcen- bzw. defizitorientiert ich beobachte und berate. Wie gehe ich auf die Ressourcen der Supervisanden ein? Welchen Stellenwert nehmen sie bereits bei der Anliegenentwicklung ein?

Was bedeuten unsere Überlegungen für die »systemische Haltung«? Barthelmess (2016) hat für das Beratungshandeln nützliche Fragen aufgeworfen, die verschiedene Themen auf den Punkt bringen, die mit der systemischen Denkweise verbunden sind. Wir haben seine Fragen auf den supervisorischen Kontext übertragen, weil sie ein plausibles Verständnis des Konzepts »Haltung« erlauben.

- Wie kann ich als Supervisor etwas besser wissen, wenn die Realität, auf die sich mein Wissen bezieht, ein Konstrukt darstellt, das von jedem lebenden System anders kreiert wird?
- Wie kann ich als Supervisor den Supervisanden verstehen, wenn ich nicht in ihn hineinschauen kann?

- Wie kann ich den Supervisanden professionell beraten, wenn Supervisanden Informationen auf eine eigene Art aufnehmen und verarbeiten und wenn ihre Rezeption Ergebnisse hervorbringt, die nicht vorhersehbar bzw. planbar sind?

Aus einer systemischen Perspektive habe ich als Supervisor die Möglichkeit, die Selbstorganisation des Supervisanden anzustoßen. Das kann bedeuten, dass ich ihm Informationen, Umgebungen bzw. Interventionen anbiete, die die Chance erhöhen, dass er sich positiv weiterentwickelt. Diese Vorgänge kann ein Supervisor nicht planen. Seine Aufgabe liegt vielmehr darin, den Kontext und den Prozess – im Sinn einer Anregung, einer Hilfe zur Selbsthilfe – zu steuern. Das setzt voraus, dass er der Selbstorganisation des Supervisanden Vertrauen schenkt.

Unsere Ausführungen sollen dazu anregen, dass sich Supervisoren mit ihrer eigenen Haltung befassen und reflektieren, in welcher Weise sie eine systemische Haltung realisieren (wollen).

Was ist mit »Haltung« gemeint?

Ein ganzheitliches Verständnis der Person als Einheit von Körper und Geist ist produktiv für die supervisorische Arbeit. In unserem Alltag erleben wir das Zusammenspiel von Körper und Geist auf vielfältige Weise. Wenn wir uns z. B. über etwas freuen, dann sagen wir, dass unser Herz vor Freude hüpft. Tatsächlich reagieren wir mit einem gesteigerten Herzschlag. Oder: Uns macht etwas Angst, dann stockt der Atem und uns bricht der Schweiß aus. Lassen wir unseren Kopf und unsere Schultern über längere Zeit hängen, stellen sich resignierte Gedanken ein. Strecken wir unsere Hände mit den Handflächen nach außen von uns weg, drücken wir körperliche Abgrenzung aus. Oft zeigen wir diese Geste unbewusst, während wir von Abgrenzung sprechen.

Der Begriff des Embodiment (Storch u. Tschacher 2014, S. 20) thematisiert genau diesen Zusammenhang, dass der Geist den Körper und umgekehrt der Körper den Geist beeinflusst. Statt von Embodiment kann man auch von Verkörperung des Geistes sprechen. Eine Beschäftigung mit unseren gedanklichen Prozessen profitiert also von der Verbindung mit den damit einhergehenden körperlichen Prozessen – und umgekehrt. Goodman (1989) hat beispielsweise in seinen Forschungen nachgewiesen, dass sich in Abhängigkeit zur

Körperhaltung einer Person spezifische Bewusstseinszustände einstellen. Unseren Körper und unseren Geist als eine Einheit zu verstehen bedeutet: Psychische Aktivitäten und somatische Reaktionen, Gefühle und Verhalten beeinflussen sich wechselseitig (Storch u. Tschacher 2014, S. 29). Ein Großteil dieser Wechselwirkungen vollzieht sich unbewusst.

Ein solches Verständnis hat Folgen für die supervisorische Praxis. Vor diesem Hintergrund nehmen wir das Thema Haltung aus einer körperlichen und einer einstellungsbezogenen Perspektive in den Blick.

Haltung aus einer *körperlichen Perspektive*

Warum könnte diese Perspektive für die Supervision wichtig sein? Der Ausgangspunkt ist: Die Muskelspannung unseres Körpers beeinflusst sowohl unsere Verhaltensweisen als auch unser affektives Erleben. Der Supervisor kann während des Beratungsprozesses mehrfach für seine eigene Körperhaltung aufmerksam sein, um seine augenblickliche innere professionelle Haltung auszukundschaften. Er kann sich fragen, welche Bedeutung er seiner Körperhaltung gibt und wie sie mit seinem aktuellen Erleben des Supervisanden in Verbindung steht. Bei diesen Selbstbeobachtungen nutzt der Supervisor dann die Vorstellung, dass seine Mimik und Gestik auch von im Gehirn festgeschriebenen Erfahrungen herrühren (Hüther 2012). Seine Körperhaltung, Mimik und Gestik sind gleichzeitig ein Spiegel seiner aktuellen Gefühle und Stimmungen (ebd.). Diese Zusammenhänge gelten gleichermaßen für den Supervisor und für den Supervisanden.

Haltung als *Einstellung*

Einstellungen kann man als Reaktionsvorlieben auffassen, die mit Erfahrungen zu einer Person oder einem Gegenstand zusammenhängen. Die Reaktion besteht darin, dass man die Person bzw. den Gegenstand ablehnt oder akzeptiert. Es lassen sich explizite und implizite Einstellungen unterscheiden:

- Explizite Einstellungen sind unserem Bewusstsein zugänglich; sie werden aktiv sprachlich ausgedrückt.
- Implizite Einstellungen sind unwillkürlich bzw. unbewusst.

Einstellungen stehen mit den Werten einer Person in Verbindung. Wenn dem Supervisor Wertedifferenzen bewusst werden (explizit) oder sich dadurch Spannungen auf einer körperlichen Ebene (implizit) bemerkbar machen: Können diese als Anlass für Erkundungsfragen genutzt werden? Die Einstellungen und die Werte des Supervisanden kann man auf diese Weise fokussieren und thematisieren. Dabei geht es um ein Verstehen, nicht darum, als Supervisor Verständnis für die Werte des Supervisanden zu haben.

Unsere Haltung als Supervisor wird auch durch unsere eigenen Werte geprägt. Zugleich treffen wir auf Supervisanden, die ebenfalls über eigene Werte verfügen. Es treffen also möglicherweise verschiedene Wertvorstellungen aufeinander. Versteht man Supervision als Dienstleistung, könnte man mit Bezug auf Heinz von Foerster (1993, S. 234) fragen, in welcher Weise ich als Supervisor bereit und in der Lage bin, den Supervisanden dabei zu unterstützen, dass er die Anzahl seiner Wahlmöglichkeiten vergrößert und dabei seine Wertvorstellungen respektiert. Mit den Wertvorstellungen wird zugleich die Moral des Supervisanden bzw. des Supervisors angesprochen. Zur Erinnerung: Moral funktioniert nach dem Schema Achtung/Missachtung (Fuchs 2010a). Dieses Schema kann in Abhängigkeit von der Informationslage sekundenschnell seine Ausrichtung wechseln. Dann bin ich als Supervisor gefordert, mich für einen verantwortlichen Umgang mit meinen und mit fremden Werten und Wertungen zu entscheiden. Wie gehe ich auf den Supervisanden ein, wenn ich feststelle, dass ich andere Werte verinnerlicht habe und vertrete? In welcher Weise thematisiere ich die Wertedifferenzen?

Realisierung des Fokus *Rolle*

Im systemischen Verständnis sind Supervisand und Supervisor Mitglieder in einer Reflexionskommunikation. Durch die Selbstdefinition des Supervisors werden Rollenerwartungen bedient und gerahmt. Der Anfang eines Beratungsprozesses setzt also voraus, dass ich mich als Supervisor in meiner Rolle definiere und Verantwortung für das Setting und den Prozess übernehme. Dazu gehört auch, dass ich mich auf das Anliegen des Supervisanden beziehe. Kontextmarkierungen für das Beratungsformat Supervision sind Aussagen zum Vorgehen, zum Setting und zum Ablauf.

Das Beratungsdilemma nach Ludewig (2015) legt eine Rolle des Supervisors als *Wegbegleiter* nahe. Der luhmannsche Begriff der doppelten Kontingenz – Gesprächspartner sind stets füreinander undurchschaubar – spricht ebenfalls für dieses Rollenverständnis. Geläufig ist die Anspielung auf das gegenseitige Expertentum, das dem Supervisanden die Expertise für seine Anliegen und Schwierigkeiten zuweist und dem Supervisor die Fachlichkeit für die Prozessgestaltung. Der Supervisand geht seinen Weg, und ich als Supervisor begleite ihn dabei. Dass Wegbegleitung nicht bedeuten muss, dass ich dem Supervisanden nur folge, hat Insoo Kim Berg mit ihrem Bild »leading from one step behind« trefflich beschrieben. In dieser bildhaften Vorstellung tippe ich dem Supervisanden gelegentlich auf die Schulter und deute auf verschiedene mögliche Aspekte oder Wege in seiner Umgebung hin, sodass er sich entscheiden kann, auch anderes in den Blick zu nehmen. Indem ich als Supervisor den Supervisanden auf diese Weise begleite, kann ich ihm bei Klärungs- und auch bei Zielerreichungsprozessen behilflich sein.

Wie die Supervision ausgestaltet wird, hängt vom jeweiligen Hilfesystem ab. Ludewig (2015) unterscheidet mehrere Hilfesysteme – u. a. Beratung, Anleitung und Begleitung. Als Hauptmerkmal des Hilfesystems Beratung gilt, dass der Supervisor den Supervisanden dabei unterstützt, blockierte Ressourcen wieder zu reaktivieren. Beim Hilfesystem Anleitung geht es darum, Wissen zur Verfügung zu stellen. Wenn es um die Bewältigung unveränderlicher Problemlagen geht, dann ist Begleitung gefragt. Um keine Irritationen hervorzurufen: Supervision verstehen wir als Prozessgestaltung. Je nach Anliegen des Supervisanden wird das eine oder andere Hilfesystem verstärkt von Relevanz sein. Ein Bewusstsein darüber, was gerade bedeutsam ist, gibt dem Supervisor eine Orientierung, wie er seine Rolle als Berater, als Anleiter oder als Begleiter gestalten kann.

Zum Rollenverständnis als Supervisor gehört auch die Art, wie ich zu verstehen versuche. Höre ich dem Supervisanden aus einer Position des Nichtwissens zu? Um neugierig zu bleiben und nicht vorschnell zu verstehen, sind offene Fragen angebracht. Sie stellen die nützlichsten Instrumente für die Beratungsarbeit dar. Offene Fragen sind nicht von Hypothesen geleitet und provozieren keine erwarteten Antworten. Sie sind von Neugierde beseelt und laden den Supervisanden ein, seine Selbstverständlichkeiten zu hinterfragen bzw. sich zu explorieren. Dinge aus dem gewohnten Rahmen zu lösen kann zu neuen Erkenntnissen führen.

Mit unvoreingenommenen Fragen ist es ebenfalls möglich, Gewohnheiten zu beleuchten und sie zu hinterfragen. Wir erfahren unsere Welt und versprachlichen unsere Erfahrung. Mit dieser Transformation gehen gelegentlich Schwierigkeiten einher, da zwischen der Erfahrung und einer sinngebenden begrifflichen Aufbereitung in Sprache Differenzen bestehen können – nicht zuletzt, weil sich Menschen in ihren Sinnkonstruktionen verfangen können. Die Konstruktionsprozesse verlaufen kontinuierlich und selbstorganisiert. Ein Supervisor kann sich in diese Konstruktionsprozesse einloggen, um Selbstverständlichkeiten zu hinterfragen und dabei behilflich zu sein, menschliche Erlebens- und Handlungsmöglichkeiten beweglicher zu gestalten, indem starre Sinnkonstruktionen aufgeweicht werden (vgl. Kriz u. von Schlippe 2011, S. 152).

Zusammenfassend könnte man die Rolle des Supervisors als Prozessgestalter, Anleiter, Begleiter, Berater und/oder Fragesteller fassen. Aus unserer Sicht wären auch andere Rollen vorstellbar, beispielsweise die Rolle des Fürsorgenden. Je nach Anliegen des Supervisanden bin ich als Supervisor mit bestimmten Rollenerwartungen konfrontiert. Wir möchten zur Reflexion anregen, dass ich mir bewusst mache, welche Rolle ich gerade einnehme, und mich damit zu beschäftigen, in welcher Weise ich diese Rolle für den Prozess mit dem Supervisanden verantworten kann und will. Mit unseren Überlegungen wollen wir keinen Rollenkanon festlegen. Unser Ansinnen besteht zum einen darin, dass der Supervisor in der Lage ist, sich flexibel auf die jeweils angemessene Rolle einzustellen, zum anderen wollen wir auf den vielgestaltigen Prozesscharakter der Supervision hinweisen, der einen Rollenwechsel bei passender Gelegenheit bzw. in verschiedenen Phasen des zeitlichen Verlaufs nahelegt.

Grundsätze der Reflexion im Hinblick auf *Haltung*

Bei den Grundsätzen zur Reflexion der Haltung lehnen wir uns an Gedanken von Manuel Barthelmess (2016) an. In Bezug auf die Haltung unterscheidet er vier Varianten:

- die Haltung des Nichtwissens
- die Haltung des Nichtverstehens
- die Haltung des Eingebundenseins und
- die Haltung des Vertrauens.

Seine Ordnung greifen wir auf und verbinden sie im Folgenden mit Überlegungen, die uns bereits seit mehreren Jahrzehnten begleiten.

Auf Anderson u. Goolishian (1992) geht die Position des *Nichtwissens* zurück. Sie lädt mich als Supervisor ein, neugierig auf die Wirklichkeitskonstruktionen des Supervisanden zu sein. Mit meiner Neugierde kann ich den Supervisanden dazu inspirieren, sich damit auseinanderzusetzen, welche Phänomene aus seinem beruflichen Alltag er hervorhebt und welche Bedeutung er ihnen gibt. Mit der Haltung des Nichtwissens bewahre ich mir als Supervisor zudem einen fremden ethnologischen Blick. Diese Position schließt durchaus ein, in Situationen, in denen der Supervisand mich um eine Anleitung bittet, mein Wissen bzw. meine Erfahrung als Anregung – nicht als Besserwissen – zur Verfügung zu stellen.

Nah verwandt mit dem Nichtwissen ist das *Nichtverstehen*. Der Hinweis, den Supervisanden nicht vorschnell zu verstehen, betont diese Haltung. Während der Supervisand berufliche Szenen schildert, »ploppen« bei mir als Supervisor ähnliche Erfahrungen auf. Diese assoziierten persönlichen Erfahrungen können mich als Supervisor dazu verleiten, die Schilderungen des Supervisanden vorschnell nur aus meinen Bedeutungsgebungen heraus zu verstehen. Die Haltung des Nichtverstehens schützt davor und lädt ebenso wie die Haltung des Nichtwissens dazu ein, neugierig offene, nicht hypothesengeleitete Fragen zu stellen.

Mit der Haltung des *Eingebundenseins* wird angedeutet, dass Mitteilungen der Gesprächspartner sich rekursiv aufeinander beziehen. Jeder Gesprächspartner nimmt eigene Interpunktionen vor und entwickelt andere Sichtweisen auf das Gespräch. Beispielsweise wird das lange Schweigen eines Teammitglieds von seinem Kollegen als Grund angeführt, einen längeren Monolog zu halten. Das andere Teammitglied hingegen markiert den Monolog des Kollegen als Anlass für sein Schweigen. Auch liefert diese Haltung den Anstoß, über Kontextmarkierungen für Beratungsgespräche nachzudenken. Kontextmarkierungen spiegeln sich z. B. in den Fragen wider, ob Praktikanten zum Team dazugehören oder ob Leitungskräfte an einer Teamsupervision teilnehmen sollen. Schließlich eröffnet sie den Blick für Muster, die sich während einer Kommunikation bilden. Supervisor und Supervisand bilden ein Hilfesystem. Optimalerweise erzeugt der Supervisor Unterschiede zu den Sichtweisen des Teams. Werden seine Interventionen vorhersehbar, ist er nicht mehr unterschiedlich genug, um konstruktive Reflexionen für den Supervisanden anzustoßen.

Die Haltung des *Vertrauens* kann für mich als Supervisor den Hinweis bereithalten, dass Supervisionsprozesse endlich sind und im Wesentlichen dazu dienen, das Anliegen des Supervisanden konstruktiv zu bearbeiten. Der lösungsfokussierte Gedanke »so kurz wie möglich und so lang wie nötig« kann für eine pragmatische Gestaltung eine gute Orientierung bieten. Zugleich verweist er zuversichtlich auf die Expertise und die Ressourcen des Supervisanden.

Grundsätze der Reflexion im Hinblick auf *Rolle*

Die 10 plus 1 Leitsätze mit den dazugehörigen Leitfragen (s. Abb. 4) eignen sich sowohl für die Reflexion der systemischen Haltung als auch für die Reflexion einer systemischen Rolle (Ludewig 2015, S. 178). Von den Leitsätzen greifen wir vor allem die ersten beiden auf. Sie lauten »Definiere dich als Supervisor!« sowie »Sieh dich!« – in dem Sinne, dass man sich der eigenen Kompetenzen bewusst wird. Beide Leitsätze nutzen wir für eine Rollenreflexion.

Aufgaben im Supervisions-system		Leitsatz	Leitfragen
Erzeugung	1.	Definiere dich als Supervisor!	Übernehme ich Verantwortung als Supervisor?
	2.	Sieh dich!	Stehe ich zu meinen Möglichkeiten?
Erhaltung	3.	Orientiere dich an deinem Supervisanden!	Wessen Maßstäbe lege ich an?
	4.	Werte förderlich!	Suche ich nach Öffnendem?
	5.	Beschränke dich!	Konzentriere ich mich auf das Nötigste?
	6.	Sei bescheiden!	Sehe ich mich als Ursache?
Verwirklichung	7.	Bleibe beweglich!	Wechsele ich meine Perspektiven?
	8.	Frage konstruktiv!	Stelle ich Fragen, die weiterführen?
	9.	Interveniere sparsam!	Rege ich behutsam an?
Beendigung	10.	Beende rechtzeitig!	Kann ich schon beenden?
… und	+1	Befolge Leitsätze nie blind!	Wende ich diese flexibel und kontextbezogen an?

Abb. 4: 10 plus 1 Leitsätze/Leitfragen zur Orientierung in der systemischen Supervision (vgl. Ludewig 2015)

Den Aspekt, die eigene Rolle selbst zu definieren, haben wir bereits erläutert. Die Leitfrage »Übernehme ich Verantwortung als Supervisor?« weist darauf hin, wie bedeutsam es ist, Verantwortung für das Setting, den Prozess und die Klärung des Rollenverständnisses zu übernehmen. Denn sie trägt dazu bei, einen sicheren Rahmen für die Supervision zu erzeugen. Man könnte auch sagen, dass ich dadurch als Supervisor auf eine Metastabilität achte (Loth u. von Schlippe 2004). Innerhalb der Metastabilität haben dann Instabilitäten Platz, die Spannungsbögen erzeugen und somit Veränderungsprozesse anstoßen können (vgl. ebd.).

»Sieh dich!« als zweiter Leitsatz (Ludewig 2015) zeigt auf, wie wichtig es ist, das eigene Kompetenzprofil zu kennen. Ein Bewusstsein über meine Kompetenzen verschafft mir als Supervisor die Sicherheit, Angebote zu machen, die ich begleiten kann. Zum Bewusstsein über meine Kompetenzen gehört auch Bescheidenheit in dem Wissen um meine Grenzen. Welche Themen und Prozesse kann und will ich nicht begleiten?

Zu meiner Rolle als Supervisor kann ich auch hinzuzählen, dass ich den Supervisionsprozess und seine Phasen im Blick habe. Die 10 plus 1 Leitsätze und -fragen beziehen sich ebenfalls auf den Phasenverlauf einer Supervision und unterscheiden die Phasen *Erzeugung, Erhaltung, Verwirklichung* und *Beendigung* (s. Abb. 4). Diese zeitliche Beobachtungsperspektive kann mir zusätzlich helfen, die Beratung effizient zu gestalten, sie rechtzeitig zu beenden und nicht unnötig in die Länge zu ziehen.

Die Reflexion des Rollenverständnisses sollte auch beinhalten, dass ich mich mit dem Supervisanden über seine Rollenerwartungen und sein Supervisionsverständnis austausche. Auf diesem Wege lassen sich sowohl Befürchtungen als auch überzogene Erwartungen aufgreifen und angemessen »rahmen«.

Durchführung einer Reflexion zu *Haltung* und *Rolle*

Die eigene Haltung und Rolle zum Gegenstand einer Reflexion zu machen lohnt sich immer wieder – auch wiederholt im Verlauf eines Supervisionsprozesses. Besondere Anlässe zum Nachdenken über die eigene Haltung entstehen dann, wenn ich mich beispielsweise nach einem Beratungsgespräch als unzufrieden, ärgerlich oder erschöpft erlebe. Dann kommt die Frage auf, was passiert ist, dass ich mich so fühle. Oder ich hege Zweifel an meiner Kompetenz. Der Inkompetenzverdacht oder das Erleben von Erschöpfung stellen aus unserer Sicht klare Signale dar, die eigene Haltung und Rolle zu hinterfragen. Das ist allerdings nur die eine Seite der Medaille. Mindestens genauso sinnvoll ist es, diejenigen Episoden einer Supervision zu reflektieren, mit denen ich als Supervisor zufrieden bin – beispielsweise, weil ich meine Ressourcen gut genutzt habe oder die Ressourcen des Supervisanden gewinnbringend aufgegriffen habe.

Als Supervisor bin ich gewissermaßen mein eigenes Instrument. Meine Resonanzen sind wichtige Indikatoren für eine persönliche Verortung im Supervisionsprozess. Denkbar ist, dass das Verhalten oder die Berichte des Supervisanden mich unwillkürlich an ähnlich gelagerte persönliche Erfahrungen erinnern. Der Fokus auf das Anliegen und die Person des Supervisanden wird dann durch eigene »Filme, die mitlaufen« erschwert. Oder ich reagiere komplementär auf die Unsicherheit des Supervisanden, indem ich mich bemühe, schnell für Sicherheit zu sorgen. Es könnte sogar sein, dass ich mich als Retter gefordert fühle.

Denkbar ist aber auch das Gegenteil: die persönliche Neigung zur Einnahme einer distanzierten unbeteiligten Beobachterrolle. Des Weiteren könnte die Kommunikation auch von einer Reflexionskommunikation zu einer Beziehungskommunikation übergegangen sein. Beziehungskommunikation bedeutet, dass in der Kommunikation bindungsbezogene Themen im Vordergrund stehen, für die vor allem Gesten der Zu- bzw. Abneigung relevant sind, die die Beziehungen der Systemmitglieder (z. B. Familie oder andere Intimsysteme) untereinander regulieren (vgl. Kriz u. von Schlippe 2011, S. 150).

Die Reflexion der supervisorischen Haltung und Rolle lässt sich auf verschiedene Arten vollziehen. Infrage kommen die Eigenreflexion, die Reflexion in einer kollegialen Beratung oder eine Supervision im Einzel- oder Gruppensetting, um meine Haltung und Rolle zu analysieren. Für die Eigenreflexion hat sich die schriftliche Aufbereitung – ähnlich dem Tagebuchschreiben – bewährt. Auch ein lautes Aussprechen des Erlebens im Monolog kann nützlich sein. Wenn ich mir selbst zuhöre, kommen mir möglicherweise neue Ansatzpunkte in den Sinn. Je schwieriger die Situation zu sein scheint, umso mehr empfiehlt es sich, die Lage mit anderen Kollegen oder mit einem Supervisor zu überdenken. Das reflektierende Team ist hier ein hilfreiches Instrument, Multiperspektivität zu erzeugen. Auch kann die Identifikation mit den unterschiedlichen Rollen in einer Szene überraschende neue Sichtweisen und Ansatzpunkte hervorbringen.

Ausgehend vom Modell der Reflexionsebenen listen wir im Folgenden Fragen auf, die dabei helfen können, sich mit der eigenen Haltung und Rolle vertiefend auseinanderzusetzen.

Dem Verständnis, Haltung als Körperstellung zu konzipieren und darüber Aufschluss zu gewinnen, nähern wir uns über Fragen an. Denn wir wollen keine Interpretationen vorgeben, wie der Körper gelesen werden soll. Der Körperausdruck entsteht jeweils in einem Kontext und ist an ihn gebunden.

- Welche körperliche Haltung nehme ich als Supervisor zu dem Supervisanden ein?
- Wie trete ich mit ihm in Beziehung?

Durch die Beachtung meines Körpers kann ich Informationen darüber gewinnen, wie ich mein Gegenüber erlebe.

- Wie zugewandt, distanziert oder nahe ist beispielsweise meine Sitzhaltung bei ihm?
- Womit hängt diese Nähe bzw. Distanz zusammen?
- Was lässt mich zugewandt/distanziert sein?

Auch kann ich den Supervisanden auf seine Körperhaltung hin beobachten und mich in sie hineinversetzen.

- Welche Bilder kommen mir zu seiner Körperhaltung in den Sinn?
- Welche Impulse lösen sie in mir aus?
- Erscheint es sinnvoll, meine Impulse als Supervisor zu thematisieren? Wenn ja: in welcher Weise?

Das gemeinsame Supervisionsgeschehen kann ich auch aus einer imaginären Vogelperspektive beobachten.

- Welcher »Tanz« entsteht zwischen mir als Supervisor und dem Supervisanden auf einer nonverbalen Ebene?
- Worauf deutet dieses Miteinander hin? Lässt es sich mit einem Schlagwort bezeichnen?

Als weitere Reflexionsebene bietet sich der Prozess der Anliegenentwicklung an.

- Was habe ich verstanden, wobei ich dem Supervisanden behilflich sein soll?
- In welcher Weise hat sich das ursprüngliche Anliegen verändert?
- Habe ich eigene Anliegen? Worin liegen sie begründet?
- Welche Anliegen will ich bedienen?
- Welche Anliegen will ich ablehnen?
- Welche Anliegen will oder muss ich weitervermitteln?
- Besteht die Notwendigkeit, den Kontrakt nachzubessern?

Ganz allgemein konfrontiert mich als Supervisor das konstruktivistische Beobachtungsverständnis nach Maturana mit den Fragen:

- Was und wie unterscheide und bezeichne ich während des supervisorischen Prozesses?
- Könnte ich auch andere Unterscheidungen einführen?
- Was für einen Unterschied würde dies ausmachen?
- Bin ich vielseitig genug?

Mit Blick auf meine expliziten Einstellungen kann ich als Supervisor folgende Fragen bedenken:

- Wie betrachte ich meinen Supervisanden?
- Welche Zuschreibungen nehme ich in seine Richtung vor?
- Welche Erwartungen habe ich an ihn?
- Welche Vorurteile kommen in seiner Gegenwart auf?

Fragen, die eine Reflexion meiner moralischen Position anregen, können lauten:

- Wann äußere ich meine Bewertung, wann halte ich sie zurück?
- Wie gehe ich mit Phänomenen/Äußerungen/Eindrücken um, die mir fremd sind?

2.3 Supervisionskonzept

Realisierung des Fokus *Supervisionskonzept*

Supervision ist in Deutschland noch immer kein geschützter Begriff. Zwar wird er nicht so inflationär gebraucht wie der Begriff Coaching, dennoch scheint es nicht immer deutlich, was Menschen mit der Äußerung meinen, dass sie supervisorisch arbeiten. Folgen wir dem kleinsten gemeinsamen Nenner – Supervision bedeutet Beratung im beruflichen Bereich –, sagt dieser nichts über die fachliche Ausrichtung der Supervisorin, ihre Arbeitsweise und ihre professionelle Überzeugung aus. Es bleibt die Frage, nach welchem Konzept eine Supervisorin arbeitet und wie sie es zu potenziellen Zielgruppen transportiert, um sich als Adressatin für Supervision anzubieten.

Supervision

Supervision stellt eine eigenständige Form der Beratung dar. Denn sie erfüllt die Kriterien, die an eine Beratung angelegt werden, und lässt sich von anderen Beratungsformaten abgrenzen. Die folgende Abbildung verdeutlicht die Koexistenz der Formate, die auf der Grundlage eines allgemeinen Beratungsverständnisses entstehen.

Zur Spezifizierung des Formats Supervision nutzen wir eine Definition von Ebbecke-Nohlen (2009, S. 11):

- »Supervision ist ein Weiterbildungs-, Beratungs- und Reflexionsverfahren für berufliche Zusammenhänge (Berlardi 2005), in dem sich Supervisoren (professionelle Berater) und Supervisanden (professionelle Ratsuchende) begegnen.«

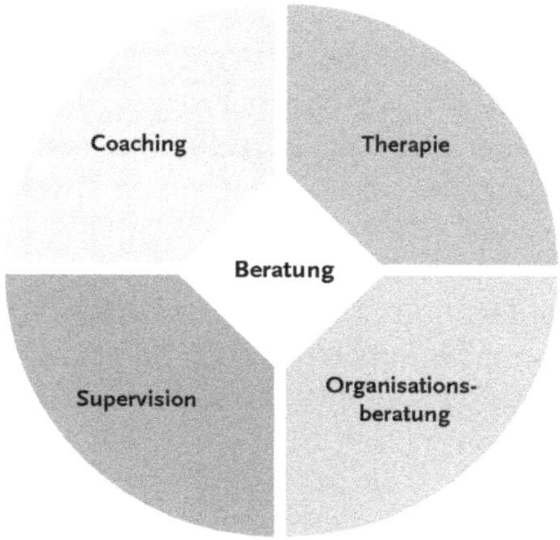

Abb. 5: Beratungsformate (vgl. Lüschen-Heimer u. Michalak 2019, S. 16)

Neben dem professionellen Rahmen werden in dieser Definition die übergeordneten Ziele dieses Beratungsformats genannt, nämlich Weiterbildung und Reflexion beruflicher Themen. Wir definieren weiter den Begriff der systemischen Supervision:

- »Systemische Supervision arbeitet mit der Beobachterposition zweiter Ordnung. [...] Supervision ist im beruflichen Kontext angesiedelt« (Lüschen-Heimer u. Michalak 2019, S. 20).
- »Systemische Supervision ist eine lösungsorientierte Beratungsform für Personen und Institutionen, die ressourcenorientiert professionelle Zusammenhänge thematisiert« (Ebbecke-Nohlen 2009, S. 14).

Mit dieser Ausdifferenzierung der allgemeinen Supervisionsdefinition bekennen wir uns zu einem supervisorischen Ansatz. Die Wahl der beraterischen Richtung drückt das eigene Werteverständnis aus und nimmt die Supervisorin dadurch in die Verantwortung. Für uns ist es das systemische Denken. Die Ausgestaltung der Arbeitsweise orientiert sich an eigenen Überzeugungen über ein professionelles systemisches Handeln. Auf diese Weise entwickelt sich der Prozess einer Konzeptualisierung.

Konzept

Das eigene Supervisionskonzept ist nichts Statisches. Vielmehr können wir es als einen fortwährenden Prozess verstehen. Es entfaltet seine Wirkung aus der Zukunft: Ein schlüssiges Konzept hilft, Ziele zu definieren sowie Chancen und Risiken bei der Zielerreichung sowohl zu bemerken als auch einen angemessenen Umgang mit ihnen zu finden. Auch schafft es eine hilfreiche Balance zwischen Sicherheit gebenden Strukturen und Spielräumen zur Weiterentwicklung. Es entsteht eine Matrix für supervisorische Sprachspiele. Die Aufgabe bei der Konzeptentwicklung liegt darin, Klarheit über nachfolgende Bezugspunkte zu gewinnen:

a) eigene Werte und Überzeugungen
b) eigene Kompetenzen und Fähigkeiten
c) die Außendarstellung
d) die Zielgruppe
e) die Handlungsoptionen

zu a): Die Definition *eigener Werte und Überzeugungen* beginnt mit der fachlichen Ausrichtung. Eine Entsprechung zwischen der beraterischen Ausrichtung und der eigenen Überzeugung ist wichtig. Hierin steckt auch die Frage, ob es erlaubt ist, verschiedene Denkrichtungen in das eigene Konzept zu integrieren. Des Weiteren braucht es eine Positionierung zu ethischen Themen, zur professionellen Haltung und zum eigenen Menschenbild. Ebenso lohnt es sich für die Supervisorin, sich mit den Themen ihrer eigenen Biografie auseinandersetzen, sodass sie Überzeugungen und Leitsätze hinterfragen kann bzw. diese ihr bewusst werden.

zu b): *Kompetenzen* setzen sich aus der beruflichen Biografie und den Lernerfahrungen der Supervisorin zusammen. Sie entwickeln sich vor allem durch und mit der Freude an ihrer Arbeit. Denn Lernen geschieht erfolgreich in einem Klima positiver Emotionen. Ob neu Erlerntes tatsächlich zu einer Fähigkeit wird, hängt von der Passung des Lerninhalts und der Persönlichkeit des Lernenden ab. Die Reflexion der Lernerfahrung und ihres Nutzens spielt bei der Entwicklung von Fähigkeiten eine große Rolle, da darüber die Passung geprüft wird. Ein Medium, über das man die eigenen Kompetenzen während eines supervisorischen Prozesses in Anwendung bringt, sind Methoden. Überbegrifflich sprechen wir von Interventionen und folgen damit der Definition von Karl Wimmer (2001, S. 1):

> »Unter Intervention kann zunächst alles verstanden werden, was eine BeraterIn (TherapeutIn, SupervisorIn, Coach usw.) in Anwesenheit eines Klientensystems (Einzelperson, Gruppe, Team, Organisation …) tut oder unterlässt. So wie man in sozialen Situationen nicht nicht handeln (kommunizieren) kann, so kann auch eine BeraterIn in Beratungssituationen nicht nicht intervenieren. Alles, was eine BeraterIn im Laufe eines Beratungsprozesses macht, kann von den anderen als Beratungshandeln ausgelegt werden.«

Methoden bilden das Grundgerüst für die Ausgestaltung der interventionellen Handlung. Die Methode wandelt sich zu einer individuellen Intervention, wenn sie im Gleichgewicht mit den anderen Bezugspunkten des Konzepts steht.

zu c): Erst mit der *Außendarstellung* wird es möglich, sich als Adressatin für potenzielle Supervisandinnen zu zeigen. Ohne dass Menschen von der Möglichkeit eines hilfreichen Angebotes erfahren, ist eine Anwendung der Kompetenzen nicht möglich – und das Konzept damit nutzlos. Die Außendarstellung ist kein isolierter Prozess, der sich in der Gestaltung einer Website und eines Flyers zeigt. Sie ist vielmehr immanenter Teil des supervisorischen Handelns. Mit der Steuerung der ersten Kontaktaufnahme über die Kontraktgestaltung und die Prozessführung präsentiert sich die Supervisorin so, wie sie gesehen werden möchte. Indem sie die eigene Wertehaltung, den theoretischen Unterbau, das Verständnis von Prozessgestaltung und das eigene Menschenbild vermittelt, wird die Individualität genau dieser Supervisorin deutlich. Es entsteht ein Alleinstellungsmerkmal. Die Supervisanden haben die Möglichkeit, eine Passung zwischen ihnen, ihren Bedarfen, Anliegen und der speziellen Ausstattung der Supervisorin zu entdecken.

zu d): Damit sich ein Konzept nicht im Meer der Angebote verliert, ist es sinnvoll, *Zielgruppen* des supervisorischen Handelns zu definieren.

Unter Zielgruppen verstehen wir Personen aus bestimmten Berufsfeldern, die sich in bestimmten Rollen und Funktionen befinden. Diese können Adressaten des supervisorischen Handelns sein. Hilfreiche Prozesse entfalten sich dann, wenn Kompetenzen, Werte, Menschenbild und Haltung zu den potenziellen Kunden passen. Den Fokus auf die Zielgruppensuche zu setzen bedeutet, dass man die Bedarfe und Anliegen der Menschen, die zu dieser Gruppe gehören, erforscht. Das Angebot, das Supervisorinnen dann machen können, erreicht Menschen somit an dem Punkt, an dem sie in ihrer beruflichen Reflexion stehen. Supervision ist eine Dienstleistung. Daher empfiehlt es sich, dass sich Dienstleister mit den Bedarfen ihrer Klienten beschäftigen.

zu e): Die *Handlungsoptionen* einer Supervisorin ergeben sich aus der Verantwortung für die Prozessgestaltung. Ein wichtiger Aspekt, der die eigene Vorgehensweise beeinflusst, ist die Frage nach Feld- und Prozesskompetenz. Systemische Supervision konzipieren wir in erster Linie als Prozessberatung. Die Ausgestaltung eines Supervisionskonzepts bringt es jedoch mit sich, dass Supervisorinnen sich supervisorisch in Berufsfelder begeben, die ihnen Freude bereiten, und Erfahrungen aus der eigenen Praxis sammeln, die ihnen bestimmte berufliche Bereiche näherbringen. Sie entwickeln damit Feldkompetenz. Daher bleibt das Ausbalancieren zwischen Feld- und Prozesskompetenz ein ständiger Begleiter. Supervisorinnen brauchen Prozessverantwortung, die eine Feldkompetenz nicht ausschließt.

Dabei ist das Leitmotiv, dass

- der Prozess dem Anliegen der Supervisandin folgt,
- die Intervention dem Prozess und
- die Feldkompetenz dem Anliegen und Prozess.

Grundsätze der Reflexion im Hinblick auf das *Supervisionskonzept*

Das Prozesshafte des Supervisionskonzepts impliziert eine stetige Nachjustierung der Arbeitsgrundlage. Daher liegt es nahe, Konzept und alltägliches Handeln immer wieder in Relation zueinander zu setzen. Die systemische Supervisorin interagiert aus der Beobachterposition zweiter Ordnung und agiert damit in sich verändernden Kontexten. Hierzu braucht es ein Wissen über sich verändernde Berufsfelder, gesellschaftliche Strömungen und Organisationsstrukturen.

Die Organisation als Umwelt der Supervisandin sollte die Supervisorin neugierig in Bezug auf Aufgaben und Entscheidungsstrukturen, Regeln und Kommunikationsstrukturen machen. Veränderungsprozesse in diesen Bereichen haben selbstverständlich Einfluss auf die Handlungsmöglichkeiten der Supervisandin. Ebenso werden die Handlungsveränderungen der Supervisorin Einfluss auf organisationelle Abläufe in der Organisation der Supervisandin haben.

Die Supervisorin ist ihr eigenes Handwerkszeug. Erfahrungen, die sie in der Prozess-Steuerung macht – vom Scheitern bis zu hilfreichen Prozessen –, sind Teil des Lernens. Dazu bedarf es einer Bereitschaft, das eigene Handeln zu reflektieren und sich fehlerfreundlich auf den Weg zu machen. Die Bewertung der eigenen Interventionen im supervisorischen Prozess braucht Kriterien, die sich an eigenen Überzeugungen ausrichten. Im Systemischen ist dies vor allem das Expertentum der Klienten und damit der Prozess der Anliegenklärung. Damit verbunden ist die Reflexion über die Passung der Zielgruppe. Denn die Klärung des Anliegens ist nur dann möglich, wenn die Supervisandin die nötige Neugierde aufbringen kann.

Zu den Erfahrungen der Praxis kommt die Notwendigkeit des theoretischen Unterbaus. Eine Supervisorin sollte begründen können, auf welcher Theorie ihr Handeln und ihre Überzeugungen fußen, um der Willkür, die in einem nichtgeschützten Beratungsformat steckt, vorzubeugen. Dies gehört zu einem verantwortlichen Handeln als Supervisorin. Es ist ihre Aufgabe, sich mit neuen Theorien kritisch auseinanderzusetzen und nach ihren Überzeugungen zu entscheiden, ob sie für sie nutzbar sind.

Nicht zuletzt: Da Supervision sich in beruflichen Kontexten bewegt, ist eine Umwelt das Sozialsystem der Gesellschaft. Es bestehen Wechselwirkungen zwischen der Beruflichkeit und der Gesellschaft in Bezug auf Erwartungen, Wertehaltungen und Kommunikation. In der Verantwortung der Supervisorin liegt es, für ein gewisses Allgemeinwissen zu sorgen und Veränderungen in Arbeits- sowie Gesellschaftsstrukturen zu registrieren.

Durchführung einer Reflexion zum *Supervisionskonzept*

Die Entwicklung eines eigenen Supervisionskonzepts als Orientierung für supervisorisches Handeln geschieht im Reflexionsprozess. An erster Stelle steht das Erproben einer Praxis, die sich aus Theoriepositionen ableitet. Intuition spielt hier ebenfalls eine große Rolle.

- Spüre ich eine Affinität zu systemischen Denkmodellen?
- Fühle ich mich mit den Haltungssätzen systemischer Ausrichtung wohl? Welchen Aussagen über Haltung und Menschenbild kann ich zustimmen, welche lehne ich ab?
- Sind die Ausrichtung am Beobachterkonzept zweiter Ordnung sowie die Ressourcen- und Lösungsorientierung für meine Prozess-Steuerung hilfreich?

Orientieren wir uns in der Konzeptualisierung an den unter 2.3 genannten Aspekten (s. S. 49), können folgende Fragen hilfreich sein:

Eigene Werte und Überzeugungen:
- Mit welchen Leitsätzen bin ich groß geworden? Welche Leitsätze begleiten mich heute?
- Wie ist mein ethisches Verständnis? Wo liegen meine ethischen Grenzen?
- Welches Verständnis habe ich von Verantwortung?
- Gibt es Handlungsweisen, die ich nicht respektieren kann?
- Welches Menschenbild leitet mich?

Eigene Kompetenzen und Fähigkeiten:
- Wo sind meine Stärken im supervisorischen Handeln?
- Welches Vorgehen in Beratungen erfüllt mich mit Freude?
- Welchen Stellenwert gebe ich methodischem Vorgehen?
- Bin ich in der Lage, Methoden an meine Arbeitsweise und Überzeugungen anzupassen?

Außendarstellung:
- Wie möchte ich von potenziellen Klienten gesehen werden?
- Was möchte ich, was mögliche Supervisanden als prägnant beschreiben?
- Was macht mein supervisorisches Handeln mithilfe meiner Persönlichkeit und meinen Erfahrungen einmalig?

Zielgruppe:
- Welche Arbeitsbereiche der Supervision machen mir Freude?
- An welchen Stellen von Beruflichkeit werde ich neugierig?
- Mit welchen Themen der Berufswelt empfinde ich ein Gefühl der Passung?

- Von welchen Menschen erhalte ich die Rückmeldung, mit ihnen gemeinsam ihr Anliegen bearbeitet zu haben?

Handlungsoptionen:
- Wie positioniere ich mich im Spannungsfeld zwischen Feld- und Prozesskompetenz?
- Wie gehe ich damit um, wenn ich das Gefühl habe, »Expertenwissen« zu besitzen?
- Wie gelingt es mir, meine Neugier auch in mir bekannten Berufsfeldern aufrechtzuerhalten?
- Wieviel Fremdheit der Themen brauche ich, um nicht zu früh zu verstehen?
- Arbeite ich anliegenorientiert?

Immer wieder muss ich mich fragen, ob ich mich weiter in einem Lernprozess befinde, der fachlich, empirisch und gesellschaftlich ausgerichtet ist.

2.4 Arbeitsbeziehung

Die Beziehung zwischen dem Supervisor und dem Supervisanden beeinflusst den Gesprächsverlauf elementar. Sie ist die zweitstärkste Einflussgröße und erklärt etwa 30 Prozent des Erfolgs einer Beratung (Asay u. Lambert 2001, zitiert nach Hargens 2006, S. 17). Diesen Befund nehmen wir zum Anlass, noch genauer über die Beratungsbeziehung nachzudenken.

In einer Supervision beziehen sich Supervisor und Supervisand wechselseitig aufeinander, um die Aufträge zu bearbeiten, die sie für diese Arbeitsbeziehung formuliert haben. Die supervisorische Beratungsbeziehung kann man als exklusiv beschreiben, da die Verabredungen zwischen Supervisor und Supervisand formal für einen klar gefassten Rahmen sorgen. Beide regeln miteinander, wer sich wann, wo, wie oft und wofür zu arbeitsbezogenen Gesprächen trifft.

Eine Beratungsbeziehung kennt einen Anfang und ein Ende, sie ist endlich. Dafür ist neben den Rahmenbedingungen und den thematischen Vereinbarungen vor allem das Anliegen des Supervisanden verantwortlich, das man als einen roten Faden für die Beratung bezeichnen kann. Die bewusste Bearbeitung des Anliegens qualifiziert ein Gespräch als Beratung. Im Unterschied dazu werden in einem alltäglichen Gespräch Themen assoziativ und locker miteinander verwoben; die Gesprächspartner verpflichten sich nicht auf zuvor vereinbarte Ziele.

Supervision im Verständnis einer Dienstleistung bietet dem Supervisanden die Möglichkeit, mithilfe des Supervisors seine beruflichen Themen zu überdenken. Optimalerweise vollzieht sich diese Beratung als *co-kreativer Prozess*. Damit ist gemeint, dass Supervisand und Supervisor gemeinsam während der Beratung Perspektivwechsel vollziehen, Anregendes besprechen, Ansatzpunkte für eine bessere Praxis entdecken und motivierende Herausforderungen entwickeln. Aus einer systemischen Perspektive betrachtet begegnen sich Supervisand und Supervisor auf einer ebenbürtigen Ebene. Auch diese Rollenpassung spiegelt den Dienstleistungscharakter wider. Beide besitzen eine Expertise, die sich im supervisorischen Miteinander gegenseitig ergänzt.

Realisierung des Fokus *Arbeitsbeziehung*

Kooperation fördert eine Arbeitsbeziehung auf Augenhöhe und setzt auf die Expertisen der Gesprächspartner. Sie wird hier aus mehreren Perspektiven betrachtet. Wir beginnen mit dem Kooperationsverständnis nach Steve de Shazer (1999).

Er hat mit seinen Überlegungen zur Kooperation wichtige Impulse gesetzt. Für die Kooperation ist der Supervisor verantwortlich. Seine Art, dem Supervisanden zuzuhören und auf ihn einzugehen, beeinflussen die Qualität der Kooperation. Das lösungsfokussierte Kooperationsverständnis verhindert, dass der Supervisor solche Supervisanden, die er als herausfordernd erlebt, reflexartig als widerständig etikettiert.

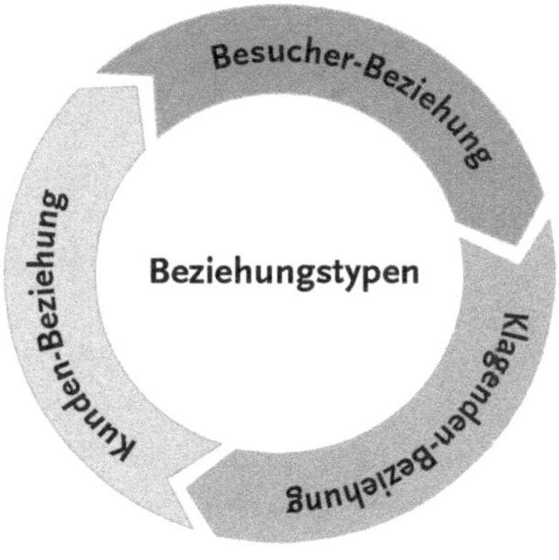

Abb. 6: Beziehungstypen (nach Steve de Shazer)

Drei Beziehungstypen hat de Shazer unterschieden: die Besucher-, die Klagenden- und die Kunden-Beziehung. Sie erlauben es, die Qualität der Kooperation während der Supervision zu bedenken. Merkmale einer *Besucher-Beziehung* sind, dass der Supervisand kein eigenes Anliegen formuliert und verfolgt. Andere Personen aus seinem sozialen Umfeld halten es für sinnvoll, dass er sich in eine berufsbezogene Beratung begibt. In einer *Klagenden-Beziehung* klagt der Supervisand über Problemlagen, sieht sich aber nicht als verantwortlich für ihr Zustandekommen bzw. für ihre Veränderung an. Ein Kennzeichen der *Kunden-Beziehung* ist, dass der Supervisand in der Supervision ein Anliegen formuliert und es bearbeiten will. Die Rede von einer Besucher-, Klagenden- und Kunden-Beziehung verschiebt den Blick von der persönlichen auf die kommunikative Ebene.

Die Interaktion zwischen einem Supervisor und einem Supervisanden ließe sich (im Sinne einer Momentaufnahme) beispielsweise als Besucher-Beziehung beschreiben. Der Blick auf die interaktionelle Ebene weckt Zuversicht. Denn die Interaktion kann sich verändern. Aus einer Besucher- kann sich eine Klagenden- oder Kunden-Beziehung entwickeln. Die vorstellbare Wandelbarkeit der Beziehung lädt den Supervisor immer wieder ein, neugierig Unterschiedsfragen zu stellen oder Impulse zu setzen, die eine Veränderung des Interaktionsgeschehens mit sich bringen könnten. Zugleich liefert sie einen Interpretationsrahmen, der die Schlussfolgerung einschließt, dass zurzeit kein anderes interaktionelles Miteinander möglich ist. Wenn man sich z. B. in einer Besucherbeziehung verortet – bei gleichzeitiger Wachsamkeit für aufkeimende Ziele des Supervisanden –, schützt dies vor Hast, Ungeduld und Burnout und lädt dazu ein, achtsam in der Gegenwart zu sein.

Um den Prozesscharakter zu unterstreichen, schlagen Hargens und Grau (1990) vor, von Kooperieren statt von Kooperation zu sprechen. Wir verwenden beide Begriffe und unterstellen dabei stets einen Prozess, der von Kooperation durchwoben ist.

Kooperation gelingt auch, wenn der Supervisor widersprüchliche Äußerungen des Supervisanden, die jener im Zusammenhang mit seinen Anliegen macht, beachtet und aufgreift. Es ist zu erwarten, dass diese Anliegen mit Widersprüchen verbunden sind. Sie widersprechen sich, weil sie sich auf verschiedene Werte und Erfahrungen beziehen. Man könnte auch von einem Polyvalenzmanagement sprechen, also dem Umgang mit mehr als zwei Werten – in der Absicht, unterschiedlichen inneren Strebungen des Supervisanden respektvoll zu ihrem Daseinsrecht zu verhelfen. Das Polyvalenzmanagement schafft die Bedingungen, die unterschiedlichen psychischen Seiten miteinander in einen Dialog zu bringen – mit dem Ziel, eine Kooperation der diversen Strebungen zu fördern.

Die zuversichtliche Grundhaltung des Supervisors stellt eine weitere Komponente dar, die ein Kooperieren voranbringt. Sie drückt sich beispielsweise darin aus, dass der Supervisor betont, wie sehr es sich lohnt, die Anliegen des Supervisanden zu reflektieren (Bohne 2019, pers. Mitteilung).

Wie genau sich die Kooperation in Interaktionsmustern beobachten lässt, veranschaulicht der Blick auf deren Funktionalität. Als Muster der Interaktion verstehen wir Reaktionsweisen im Miteinander zwischen Supervisand und Supervisor, die durch die Wiederholung entstehen, eine gewisse Stabilität aufweisen und durch eine Beobachtung zweiter Ordnung zugänglich sind.

Wie stehen Interaktionsmuster und Kooperation miteinander in Verbindung? Ein Gesprächsmuster ist beispielsweise, dass der Supervisor vor allem Fragen an den Supervisanden richtet, die jener beantwortet; der Supervisor interviewt den Supervisanden. Ein weiteres Muster zeigt sich darin, dass der Supervisor die Äußerungen des Supervisanden hauptsächlich als Mitteilungen der Selbstoffenbarung (im Sinne von Schulz von Thun) versteht. Nimmt der Supervisand diese Perspektive auf, reflektiert er sich selbst. Ein anderes Muster zeigt sich, wenn der Supervisor während des Gesprächs auf der vorderen Stuhlkante hockt und eifrig Text produziert, während der Supervisand sich gelassen im Stuhl zurücklehnt. Sobald der Supervisor (selbstreflexiv) ein Muster beobachtet, kann er es zunächst für sich gedanklich auf seine Funktion hin analysieren. Im zweiten Schritt kann er bei Bedarf überlegen, welche alternativen, musterunterbrechenden Reaktionsweisen es gibt. Er könnte seine Beobachtungen auch transparent machen. Aus Sicht des Supervisors korrespondiert die Musterbeachtung mit seiner Arbeitsfähigkeit im supervisorischen Prozess.

Im Folgenden beschäftigen wir uns mit zwei Mustern intensiver. Das sind zunächst der *Umgang mit Hilflosigkeit als Muster* und anschließend die *Problemtrance als Muster*. Bei beiden Aspekten beziehen wir uns auf Schmidt (2005):

Wie aufnahmebereit ist ein Supervisand für lösungsfokussierte Interventionen des Supervisors, wenn er sich gerade als hilflos erlebt? Die Frage nach der Aufnahmebereitschaft für lösungsfokussierte Interventionen kann uns Supervisoren dazu anregen, sensibel dafür zu sein, wie wir die erlebte *Hilflosigkeit* empathisch und achtungsvoll aufgreifen. Das Muster, dass man auf Supervisanden, die sich gerade als unwirksam erleben, direkt lösungsfokussiert reagiert, vergrößert wahrscheinlich ihre Hilflosigkeit. Im Hinblick darauf, die Selbstwirksamkeit des Supervisanden zu fördern, wäre dieses Vorgehen dysfunktional.

Supervisanden können beim Supervisor auch eine *Problemtrance* anregen. Manchmal geschieht dies schon bei der Begrüßung. Oder resignierte Selbstaussagen des Supervisanden lösen auch beim Supervisor Resignation aus. Genau in solchen Momenten kann es hilfreich sein, wenn der Supervisor sein Erleben – bildlich gesprochen – in einem Container zwischenlagert. Dadurch eröffnet sich ihm die Möglichkeit, die resignative Aussage des Supervisanden auf Distanz zu halten und zugleich zu analysieren, um optimalerweise kommunikativ mit einer musterunterbrechenden Antwort anzuschließen. Die Funktionalität des Musters bestünde darin, gemeinsam von einer Problemtrance eingenommen zu sein; möglicherweise würde der Supervisand sich dadurch in seiner Resignation bestätigt erleben. Ein Zuviel an Empathie für den Supervisanden in seiner Problemsicht würde ein ähnliches Erleben im Supervisor aktivieren. Die Musterunterbrechung kann gelingen, wenn sich der Supervisor fragt, welcher Wert oder welches Bedürfnis in der resignativen Äußerung angesprochen wird, und dem Supervisanden seine Vermutung als Beobachtung zur Verfügung stellt.

Beispielsweise äußert der Supervisand wiederholt deprimiert, dass ihm alles misslinge. Diese Aussage kann ansteckend wirken und eine Problemtrance hervorrufen. In einen Container gepackt könnte man sie daraufhin untersuchen, welcher Wert damit angesprochen wird. Das könnte der Wert sein, »Erfolg zu haben«. Der Supervisor könnte daraufhin sagen: »Sie wünschen sich, erfolgreich zu sein. Eine Seite in Ihnen hegt deutlich diesen Wunsch. Eine andere betrachtet die Situation verzweifelt. Beide stehen im Widerstreit, und es wirkt so, als habe die eine Seite die Oberhand gewonnen.«

Bei unseren bisherigen Überlegungen beziehen wir uns im Kern auf die Wir-Position im Modell der Reflexionsebenen. Sie erlaubt eine Distanz zum eigenen Erleben als Supervisor bzw. zur Empathie gegenüber dem Supervisanden. Aus dieser Metaposition wird eine

Beobachtung zweiter Ordnung realisiert, die es erlaubt, Muster zu erkennen und zu unterbrechen. Das beschriebene Vorgehen eignet sich für selbstreflexive Episoden während des Gesprächs wie auch im Nachhinein.

Grundsätze der Reflexion im Hinblick auf die *Arbeitsbeziehung*

Zur Erläuterung der Grundsätze stellen wir Bezüge zur Kooperation und zum Kommunikationsverständnis nach Luhmann her.

Kooperation lässt sich als Angebot, als Haltung und als Ereignis konzipieren. Wenn Kooperation als *Angebot* verstanden wird, dann geht es um die Frage, wie ich als Supervisor mit dem Supervisanden in Beziehung trete und welche Kooperationsofferten ich ihm im Sinne der Anliegenentwicklung mache. Wichtig ist hierbei, dass der Supervisor klar und transparent kommuniziert, wofür er in seiner Verantwortung zur Verfügung steht und wofür nicht. Kooperation lässt sich auch als *Haltung* seitens des Supervisors betrachten, die fortlaufend den supervisorischen Prozess mitgestaltet. Kooperation spiegelt sich beispielswiese in der wechselseitigen Expertise oder in der Demut wider (s. auch Kap. 2.2). Unter Demut verstehen wir eine Konzentration auf die Anliegen und die willkürlichen wie unwillkürlichen Äußerungen des Supervisanden. Schließlich kann man Kooperation als *Ereignis* werten, das sich in dem Moment vollzieht, wenn Supervisor und Supervisand assoziiert im Sinne der vereinbarten Anliegen zusammenarbeiten. Nachher könnte man dann (gemeinsam) nachzeichnen, dass die Kooperation erlebbar gelungen war.

Kooperation findet demnach auf mehreren Ebenen statt. Da ist das Kooperieren auf einer *faktischen Ebene*; beobachtbar sind die Mitteilungsakte der Gesprächspartner, die in Kommunikation gebracht werden (s. unten). Zugleich werden dadurch möglicherweise selbstorganisierende Vorgänge auf der *Ebene des psychischen Systems* der am Gespräch beteiligten Personen angestoßen. Plausibel ist die Annahme, dass die kooperativen Einladungen des Supervisors auf der *Ebene des sozialen Systems* eine Kooperation von Polyvalenzen auf der Ebene des psychischen Systems im Sinne einer Selbstorganisation anstoßen. Werden Aspekte der Selbstorganisation wiederum in Sprache überführt und in Kommunikation gebracht, könnten diese zirkulären Prozesse zu nützlichen Reflexionen wie Erfahrungen für den Supervisanden wie auch für den Supervisor führen.

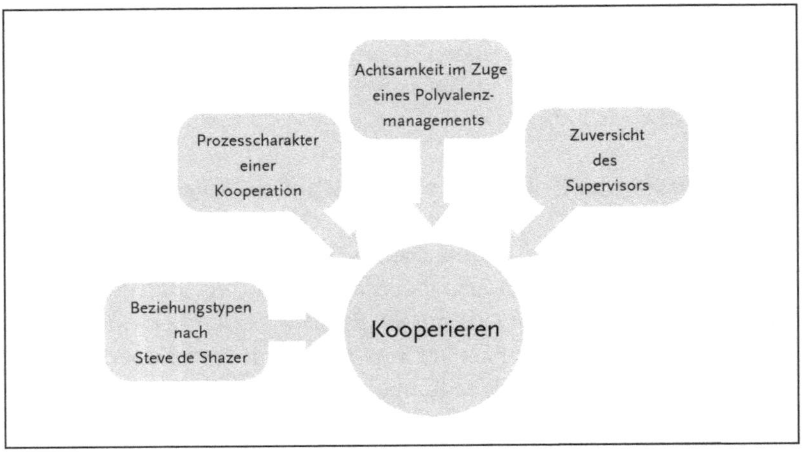

Abb. 7: Ansatzpunkte für eine konstruktive Kooperation

Als sinnvolle Ansatzpunkte für eine Kooperation mit dem Supervisanden haben wir bisher

- die Überlegungen von Steve de Shazer (1999) zu einer Besucher-, Klagenden- und Kunden-Beziehung,
- den Prozesscharakter der Kooperation,
- die Achtsamkeit im Zuge eines Polyvalenzmanagements und
- die fortwährende Zuversicht der Supervisors skizziert.

Die Ansatzpunkte werten wir als Werkzeuge, um ein Feintuning der Kooperation vornehmen zu können.

Kooperation fördert ebenfalls eine Passung der supervisorischen Vorgehensweise bzw. des eigenen Supervisionskonzepts. Um diesen Gedanken zu beschreiben, beziehen wir uns auf das Kommunikationsverständnis von Niklas Luhmann (1984) – nämlich, dass man Kommunikation als Risikounterfangen interpretieren kann, da beide Akteure in einem Kommunikationsgeschehen füreinander nicht durchschaubar sind. Luhmann konzipiert Kommunikation als einen dreistelligen Auswahlprozess. Die *erste Auswahl* zeigt sich darin, dass eine Person eine Information aus einem großen Pool an potenziellen Informationen auswählt. Kennzeichnend für die *zweite Auswahl* ist, dass die Person sich für ein Mitteilungsverhalten im Hinblick auf die zuvor ausgewählte Information entscheidet. Sie könnte diese Information beispielsweise zeichnen, aufschreiben oder aussprechen; sie könnte die Mitteilung darüber hinaus elaboriert oder ordinär oder in einem anderen Sprachgewand ausdrücken. Diese beiden Auswahlprozesse finden beim »Sender« statt. Der *dritte Auswahlprozess* wird dem »Empfänger« zugeordnet. Er versteht formal, dass ein Mitteilungsakt vorgenommen worden ist. Eine Kommunikationssequenz umfasst also drei Auswahlprozesse, lässt sich aber um eine *vierte Unterscheidung* ergänzen. Der Empfänger entscheidet, wie er inhaltlich, thematisch an das Gehörte und Verstandene anschließen will. Weiter oben haben wir bereits geschrieben: Der »Empfänger« hört, was er hört, und er versteht, was er versteht. Nun ist er in der Position, eine Information zu generieren und sie im zweiten Schritt auf eine bestimmte Weise mitzuteilen. Dieser Vorgang wird als Anschlusskommunikation bezeichnet. Kommunikation läuft und läuft und läuft, weil Kommunikationssequenzen fortwährend aneinander anschließen.

Als Ansatzpunkte stehen einem Supervisor jeweils die Mitteilungsakte des Supervisanden zur Verfügung – vorausgesetzt, er liest seine Äußerungen als solche. Der Auswahlprozess, weswegen ein Supervisand eine Information ausgewählt hat, die er mitteilen will, bleibt dem Supervisor grundsätzlich verschlossen. Anzunehmen ist im Allgemeinen, dass für die jeweilige Auswahl des Supervisanden willkürliche wie unwillkürliche Prozesse eine Rolle spielen. Hinzu kommt: Supervisoren sind stets Beobachter, die den Lautstrom, den sie vernehmen, in Worte unterteilen und mit Bedeutungen versehen. Handeln wir als Sender einer Mitteilung, haben wir in jedem Fall die Chance, diese verantwortungsbewusst zu formulieren. Dies bedeutet, dass ich die Informationen, die ich mitteilen will, so präzise und klar formuliere, wie ich es in dem Moment vermag. Die Mitteilungsabsicht des Supervisanden hingegen können wir nur annähernd verstehen; das Risiko, dass wir die Mitteilung missverstehen, ist stets gegeben. Eindeutigkeit ist nicht vorstellbar. Erst über die Reaktion meines Supervisanden kann ich als Supervisor eine kleine Ahnung davon bekommen, was ich gefragt habe.

Wie ein Supervisor an die Mitteilungen des Supervisanden anschließt, die er gehört und mit Bedeutung versehen hat, birgt stets die Chance, Unterscheidungen in die laufende Kommunikation einzubringen. Die Kontrolle der Gegenübertragung bzw. das Containing (Crepaldi 2018) betrachten wir als ein nützliches Konzept, Interaktionsmuster zu erkennen und Musterunterbrechungen anzuregen –

sei es z. B., dass der Supervisor auf lähmende wie selbstwertmindernde Selbstaussagen des Supervisanden mit einer Einladung reagiert, potenzielle Kompetenzen und Werte, die er mit seinen Mitteilungen verbunden sieht, zu registrieren und ggf. zu fokussieren.

Unterschiede, die auf ein Kooperieren zielen und die achtungsvoll den gegenwärtigen Zustand des Supervisanden berücksichtigen und behutsam einen Perspektivwechsel anregen, verbessern die Arbeitsbeziehung.

Durchführung einer Reflexion zur *Arbeitsbeziehung*
Der Blick auf die supervisorische Arbeitsbeziehung lenkt die Aufmerksamkeit neben dem Rollenverständnis auf das Kooperieren. Die Reflexion kann auf der Grundlage von Beobachtungen des Supervisanden, von Ton- oder Videoaufnahmen oder von Eindrücken aus einem Livegespräch stattfinden. Der Bericht von Beobachtungen ist dabei das gängigste Vorgehen.

Ansatzpunkte für eine Reflexion können die mit der Beschreibung der Arbeitsbeziehung verbundenen emotionalen, kognitiven oder körperlichen Reaktionen des Supervisanden sein. Denkbar ist auch, dass ich mein Erleben als Supervisor zur Verfügung stelle und den Supervisanden bitten kann, ob er etwas dazu sagen möchte. Weiterhin ist beispielsweise ein Rollentausch denkbar. Der Supervisand schlüpft in die Rolle seines Klienten und wird vom Supervisor daraufhin befragt, wie er die Arbeitsbeziehung erlebt. Nach dem Ende des Interviews und einem erneuten Rollentausch kann der Supervisand für sich erkunden, in welcher Weise er in dem Interview neue Erkenntnisse für seine Beratungstätigkeit gewonnen hat.

Im Folgenden schlagen wir einige Fragen vor, die dazu einladen sollen, die Arbeitsbeziehung im supervisorischen Kontext zu reflektieren. Dabei beziehen wir uns auf Gesichtspunkte, die wir für das Thema Arbeitsbeziehung vorgestellt haben.

- Wie deutlich spiegelt meine Kooperation mit dem Supervisanden mein Supervisionskonzept wider?
- Wie definiere ich mich als Supervisor?
- Nehme ich die Arbeitsbeziehung im Verlaufe der Supervision wiederholt in den Blick?
- Welche kommunikativen Muster beobachte ich mit Blick auf den zu reflektierenden Supervisionsprozess?

- Welche Bedeutung gebe ich den Mustern?
- In welcher Weise nutze ich die Unterscheidung zwischen Klagenden-, Besucher- und Kunden-Beziehung?
- Woran merke ich genau, dass ich für das Kooperieren (mit) verantwortlich bin?
- In welcher Weise erlebe ich Kooperation als Grundlage für die Passung meiner Vorgehensweise?
- Welche Rolle spielen Ressourcen für mich im Zusammenhang mit meiner Art zu kooperieren? Für mich? Für die Beratung mit dem Supervisanden?
- In welcher Weise achte ich auf die Selbstwirksamkeit des Supervisanden? Wann biete ich in welcher Weise lösungsfokussierte Interventionen an? Als wie nützlich erlebe ich ihren Einsatz?
- Wie reagiere ich auf den Supervisanden, wenn ich mich in einer Problemtrance befinde? Was hilft mir, meine Aufmerksamkeit zu verschieben und konstruktiv an hypnotische Aussagen anzuschließen?
- In welcher Weise nutze ich das Containing für die Sicherung meiner Arbeitsfähigkeit im supervisorischen Prozess?
- Wie gehe ich mit Ambivalenzen bzw. Polyvalenzen des Supervisanden um?

2.5 Supervisanden-System

Realisierung des Fokus *Supervisandin*

Als Supervisandin wird eine Person bezeichnet, die als Mitglied des Hilfesystems Supervision fungiert und mit dieser Mitgliedschaft eine ihr zugeschriebene Rolle akzeptiert und einnimmt: nämlich die Rolle der zu Beratenden. Das impliziert zugleich, dass eine andere Person ebenfalls Mitglied des Hilfesystems Supervision ist und in der komplementären Rolle der Beraterin agiert. Die Mitgliedschaften in der Reflexionskommunikation begründen das supervisorische Hilfesystem.

Supervisionssystem

Die Entstehung eines Hilfesystems setzt voraus, dass die Mitglieder der Reflexionskommunikation verschiedene Rollen für sich definieren und einnehmen. Jemand erlebt sich als »ratsuchend« mit einem Problem, welches durch den Unterschied zwischen einem Ist- und einem Wunschzustand besteht. Eine andere Person agiert als »ratgebend« mit der Selbstdefinition als Expertin für Beratungsangelegenheiten. Es gibt ein Rollenspiel, in dem zwei Teilnehmende unabhängig voneinander die Instruktion erhalten, sie seien die Beratenden und ihr

Gegenüber befinde sich in einem verwirrten Zustand, in dem sie denkt, Beraterin zu sein. Dieses Rollenspiel verdeutlicht, wie kommunikative Prozesse (in diesem Fall sehr erheiternd) ins Leere laufen, wenn die Selbstdefinitionen inkompatibel sind.

Ein Hilfesystem kommt dadurch zustande, dass bestimmte Personen eine Mitgliedschaft in kommunikative Prozesse eingehen, die Menschen zu Mitgliedern generieren. Die Kommunikation wirkt in zweiter Ordnung über die Qualifizierung der Sinngrenze auf die Mitglieder zurück, was wiederum die Menschen verändert.

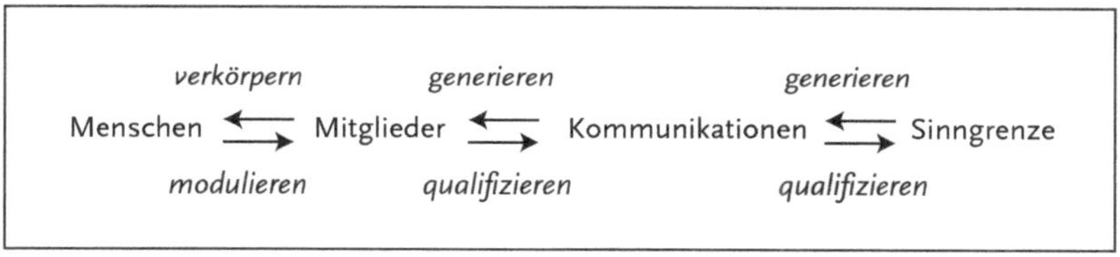

Abb. 8: Mitgliedskonzept (Ludewig 2015, S. 153)

Elemente	=	Mitglieder (soziale Operatoren bzw. Funktionseinheiten)
Relationen	=	Anschlüsse (durch Kommunikationen)
Grenze	=	Sinngrenze (Sinnkontinuität in der Zeitdimension)

> »Die professionelle soziale Versorgung geschieht als Kommunikation und bildet dementsprechend soziale Systeme. Die beteiligten Prozesse lassen sich daher nach den Aspekten betrachten, die soziale Systeme konstituieren, also nach den Elementen, Relationen und der Systemgrenze. Die Elemente der an der sozialen Versorgung beteiligten Systeme sind – in meiner Diktion – Mitgliedschaften, die jeweils vom Helfer und Klienten verkörpert werden (vgl. Ludewig 1992). Die Kunden entstehen als Systemmitglieder infolge ihres Anliegens, versorgt zu werden; die Helfer entstehen auf der Basis einer beruflichen Qualifikation, die ihre Träger befähigt, geeignete Maßnahmen der Versorgung einzuleiten und durchzuführen« (Ludewig 1999).

Die Markierung des Hilfesystems als Supervision basiert auf einer Einigung über die Sinngrenzen des kommunikativen Systems, bestehend aus beruflichen Inhalten. Die Sinngrenzen des Beratungssystems Supervision existieren erst in der Unterscheidung der Sinngrenzen benachbarter Beratungssysteme – das sind Therapie, Organisationsberatung und Coaching (s. Abb. 5).

Supervisanden

In der Selbstreflexion nimmt die Supervisorin sinnvollerweise die Supervisandin und die kommunikativen Aspekte des Hilfesystems in den Blick. Im Folgenden veranschaulichen wir unser systemisches Verständnis von der Rolle einer Supervisandin.

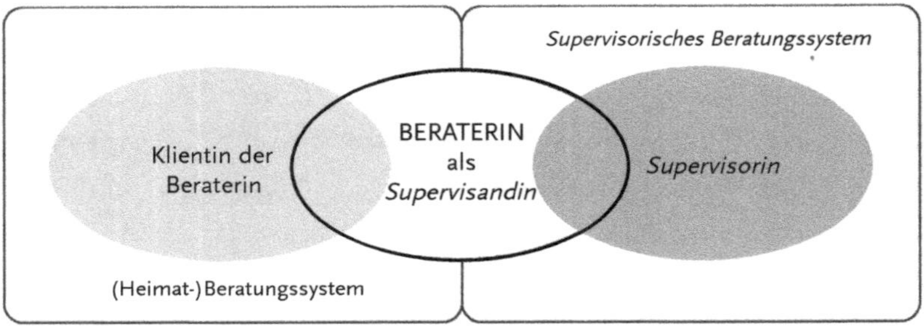

Abb. 9: Beratungssysteme der Supervision (in Anlehnung an Neumann-Wirsig 2011, S. 37)

Wir unterscheiden die Beratungssysteme der Supervisandin, in denen sie die Rolle der Beraterin ausfüllt, von dem Beratungssystem der Supervision, in dem sie die Rolle der zu Beratenden einnimmt. In der Supervision besteht die Besonderheit, dass die Supervisandin im Mittelpunkt der Beratungskommunikation steht. Nicht das Geschehen im Beratungssystem – z. B. die Themen und Schwierigkeiten des Klienten der Supervisandin – stellen den zentralen Bezugspunkt dar, sondern die Anliegen und Fragestellungen der Supervisandin. Ihre Beobachtungen zweiter Ordnung, ihre Wahrnehmungen und die Frage, wie sie diese in den Gesamtzusammenhang einordnet, bilden die Gegenstände der supervisorischen Kommunikation. Die Supervisandin ist diejenige, die die Prozessführung im (Heimat-)Beratungssystem verantwortet und ihre Prozessgestaltung möglichst hilfreich einsetzen will. Letztlich ist sie selbst ihr eigenes Handwerkszeug. Um den Beratungsprozess der Supervisandin durch die Supervision zu unterstützen, ist es unabdingbar, die Supervisandin ins Zentrum zu stellen. Auf diese Weise wird es erst möglich, die Rolle der Supervisorin zu konstituieren und auszufüllen.

Die Arbeitsergebnisse der Supervision sollen nützlich für den Beratungsalltag der Supervisandin sein. Deshalb halten wir es für sinnvoll, sich mit den Kontexten der Mitglieder in einem Beratungsprozess zu beschäftigen. Der zirkuläre Blick auf entsprechende Kontexte erlaubt den Transfer der Arbeitsergebnisse. In der Supervision sind es die Kontexte der Supervisandin, die für die Bearbeitung ihrer professionellen Anliegen von Bedeutung sind. Ebenso sind die Kontexte der Supervisorin von Bedeutung, da sie die

Grenzen und Chancen von Interventionsmöglichkeiten definieren. Hierauf nehmen wir in der Realisierung des Fokus Supervisionskonzept Bezug.

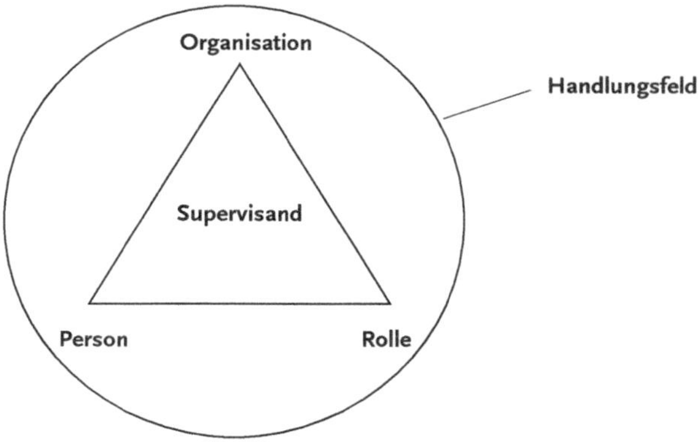

Abb. 10: Supervisionsdreieck (Lüschen-Heimer u. Michalak 2019, S. 20)

Das Handlungsfeld der Supervisandin gestaltet sich durch folgende Kontexte:

- die Organisation, in der sie ihren Beruf ausübt
- die Rolle, die sie in ihrer Beruflichkeit ausfüllt: Dazu gehören Funktionen und Aufgaben.
- die Person der Supervisandin mit ihren Kompetenzen, Ausbildungen und privaten Kontexten: Einflüsse entstehen sowohl durch die öffentliche Person (professionelle Umgebung) als auch durch die private Person (persönliche Umgebung).

Die Supervisorin übernimmt ihre beratende Rolle, indem sie eine Beobachterposition zweiter Ordnung einnimmt. Zu ihren Aufgaben zählt es daher, Interventionen im Zusammenhang mit diesen Kontexten kommunikativ zu prüfen.

Folgende Ziele können für die Supervisandin von Bedeutung sein:

- Reflexion des Rollenverhaltens, der persönlichen, berufsbezogenen Anliegen und des Arbeitskontexts
- Verständnis der institutionellen Rahmenbedingungen
- Bedenken der eigenen Wertehaltungen und -konflikte
- Analysieren von Zusammenhängen hinsichtlich Person, Rolle und Organisation
- Aktivierung von Ressourcen
- Erweiterung der beruflichen und persönlichen Handlungsspielräume
- Erkundung neuer Sichtweisen auf den beruflichen Kontext
- Verbesserung kommunikativer Kompetenzen
- Ausbauen des eigenen Kompetenzprofils (Lüschen-Heimer u. Michalak 2019, S. 46–47)

***Supervisanden* im Mehrpersonensystem**

Nehmen mehrere Menschen als Mitglieder des Kommunikationssystems Supervision die Rolle der zu Beratenden ein, verändert sich die Reflexionsebene im Hinblick auf den Fokus Supervisand. Ein Mehrpersonensystem im Beratungskontext Supervision ist mit zusätzlichen Herausforderungen für die Supervisorin verbunden. Wichtig ist dabei zu unterschieden, ob es sich um eine Gruppen- oder Teamsupervision handelt.

> »Das Kennzeichen einer Gruppensupervision ist, dass sich mehrere Personen regelmäßig für einige Zeit (2–6 Stunden) im Kontext der Gruppe, die sie bilden, treffen, um ihre Fälle bzw. soziale Situationen aus ihrem Berufsalltag unter Leitung eines Supervisors zu bedenken. Eine Gruppensupervision kommt zustande, weil eine feste Gruppe einen Supervisor sucht, um mit ihm für ein bis mehrere Jahre zusammenzuarbeiten. Die Gruppe kann Bestandteil einer Organisation sein oder auf einer Eigeninitiative beruhen« (Lüschen-Heimer u. Michalak 2019, S. 134).

Oder das Mehrpersonensystem erfüllt die Definition eines Teams:

> »Der Begriff Team ist eine Sammelbezeichnung für alle arbeits- und aufgabenbezogenen Gruppen, deren Mitglieder kooperieren müssen, um ein gemeinsames Ziel zu erreichen. Ein Team vermag dank seiner Aufgabenteilung und -koordination Leistungen zu erzielen, die ein einzelner Mitarbeiter nicht allein vollbringen kann. Die Aufgabe, der sich das Team stellt, ist allen Mitgliedern bekannt« (Lüschen-Heimer u. Michalak 2019, S. 139–140).

In einer Supervision im Mehrpersonensystem werden Interaktion, Beziehung, Kommunikationsstrukturen, Aufgaben- und Funktionsverteilung in stärkerem Maße zum direkten Gegenstand der Supervision, da die Mitglieder dieser Alltagsaktionen anwesend sind und ihre Bedarfe verbal und nonverbal formulieren können. Der Resonanzraum der interventionellen Handlungen einer Supervisorin vergrößert sich. Ebenso potenzieren sich die Einflüsse der (organisationellen und persönlichen) Kontexte der Teammitglieder.

In der Anliegenentwicklung spiegeln sich die Spannungsbögen wider, die auch für die Arbeitsfähigkeit des Teams oder der Gruppe relevant sein können. Als Spiegelphänomen beeinflussen sie den Prozess der Supervision. Die Spannungsbögen lassen sich auf folgenden Polaritäten abbilden:

- Erlebnis und Ergebnis
- Prozess und Struktur
- Neues und Vertrautes
- Kreativität und Konkretes
- Vision und Realisierung
- Konsens und Konflikt
- Autonomie und Verbundenheit (Lüschen-Heimer u. Michalak 2019, S. 143).

Ziele für Gruppen oder Teams in der Supervision können sein:

- Fallsupervision
- Reflexion und Veränderung der Teamkultur
- Reflexion und Veränderung von Arbeitsstrukturen
- Reflexion und Veränderung von Arbeitsprozessen
- Reflexion und Veränderung von Kommunikationsstrukturen
- strategische Ausrichtung
- Konfliktbearbeitung

Grundsätze der Reflexion im Hinblick auf *Supervisanden*

Wie erschafft die Supervisorin die reflexiven Grundlagen für eine neugierige Haltung gegenüber all den Facetten der Supervisandin? Wie entsteht eine reflexive Haltung gegenüber eigenen Lösungsideen, die aber nicht die der Supervisandin sind?

Die Supervisorin sollte sich von der stringenten Reflexion über die eigene Einstellung im Hinblick auf die Autonomie der Supervisandin leiten lassen. Auf der Basis des Vertrauens in die kommunikative Anschlussfähigkeit kann die Supervisorin sich der eigenen Sinngebungen ihres Handelns bewusst werden. Sie ist dann in der Lage, die Sinngebungen der Supervisandin neugierig und wertschätzend zu erkunden. Hierbei geht es darum, eine Person, die in der Supervision die Rolle der Ratsuchenden einnimmt, auch in ihren anderen Rollenverständnissen und Bedarfen außerhalb der Supervision kennenzulernen. Dazu gehört das neugierige Erfragen der Bedeutungsgebungen, die die Supervisandin in Bezug auf die Kontexte Organisation, Beruf und eventuell die Situation als private Person vornimmt. Der Prozess der Bewusstmachung – initiiert durch die Supervisorin – sollte nicht nur auf das Rollenverständnis und die Rollenausübung der Supervisandin in ihrem professionellen Kontext ausgerichtet sein. Ebenso wichtig ist es, ihre Selbstdefinition im Beratungssystem zu betrachten.

Auf einer Handlungsebene eröffnen sich für die Supervisorin damit folgende Aspekte der Reflexion:

- Arbeite ich anliegenorientiert? Wie gestalte ich die Anliegenentwicklung?
- Wie beschreibe ich meine Haltung zu den Ressourcen der Supervisandin? Bin ich neugierig, welche Ressourcen und Kompetenzen bisher für die Supervisandin hilfreich waren? Interveniere ich so, dass sich die Anzahl der Möglichkeiten vergrößert?
- Habe ich die individuellen Kontexte der Supervisandin im Blick und kann sie neugierig erfragen? Bin ich in der Lage, jede mögliche Lösung, Kompetenz und Problembeschreibung anhand der Kontexte zu überprüfen und entsprechende Fragen in nichtwissender Haltung zu stellen?
- Lasse ich mich von der Fragestellung leiten, welche möglichen Lösungen sich in den Arbeitsalltag der Supervisandin über-

tragen lassen? Verbinde ich dies mit der Selbstdefinition der Supervisandin?
- Was tue ich zur steten Überprüfung meiner Konstrukte?

Durchführung einer Reflexion zu *Supervisanden*

Wenn sich die Supervisorin vergegenwärtigt, dass die Supervisandin im Reflexionsfokus eines Supervisionsprozesses steht, erfordert dies Reflexionen in Bezug auf ihr eigenes Handeln. Im Sinne einer wiederkehrenden Schleife lassen sich der Prozess der Anliegenentwicklung und eigene Resonanzen im Prozess hinterfragen und neu überdenken.

Reflexion kann ritualisiert über folgenden Fragenkatalog erfolgen:

Gefühle
- Mein intensivstes Gefühl nach dieser Supervision ist ...
- Welche Hypothesen entstehen in mir zu diesem Gefühl? Welche Informationen werden damit womöglich übermittelt?
- Welches Gefühl habe ich zur Prozessentwicklung?
- Welche Gefühle gehören zu Anteilen meiner eigenen Person? Welche Gefühle verweisen womöglich auf Anteile der Supervisandin?

Gedanken
- Gedanken, die mich nach dieser Supervision beschäftigen, sind ...
- Welcher Prozess entwickelt sich gerade in der Gruppe/im Team?
- Worauf möchte ich in der nächsten Sitzung mehr achten?
- Braucht die Supervisandin mehr Zeit/Geschwindigkeit/Konfrontation/Bewegung?
- Erinnert mich die Supervisandin an jemanden aus meinem Kontext?
- Wer sind die Antreiber, Bremser, Bewahrer im Mehrpersonensystem der Supervisandin?

Beobachtungen
- Wenn ich mich mit dieser Supervisandin in der Arbeit beobachte, dann fällt mir auf ...
- Wen habe ich in Mehrpersonensystemen zuerst aufgeschrieben, wen zuletzt – warum? Habe ich jemanden vergessen?

- Was habe ich aufgeschrieben – warum? Was davon will ich überprüfen?
- Welche Ressourcen der Supervisandin wecken meine Neugierde? In welche Richtung habe ich noch nicht gefragt?
- Was war für mich neu in diesem Prozess?

Die Reflexion über die Prozess-Steuerung in der Anliegenentwicklung der Supervisorin erfolgt mit jeder Frage und Intervention. Problembeschreibungen regen zum Nachdenken darüber an, welches Anliegen sich im Supervisionsprozess entwickelt. Werden Anliegen kommuniziert und vereinbart, entstehen mögliche Prozessziele.

Die Supervisorin tritt in eine Metaposition, aus der heraus sie erkunden kann, ob sie dem Prozess der Entwicklung eines Anliegens den Raum und die Zeit geben kann, die für die Supervisandin passend sind.

> »Der Berater versteht nicht vorschnell, sondern erkundet mit Neugierde respektvoll das Bedeutsame. Man könnte auch sagen: Berater und Klient treten in einen kokreativen Prozess ein, dessen Produkt das Herauskristallisieren von Anliegen ist. Ein Anliegen entsteht also im kommunikativen Zusammenspiel der beiden Gesprächspartner. [...] Diese Prozessorientierung stellt ein fundamentales Mittel einer Anliegenklärung dar. Das Prozessorientierte schlägt sich in zweierlei Weise nieder. Zum einen entwickelt sich das Anliegen erst im Vollzug des Gesprächs, [...] zum anderen unterliegt das Anliegen selbst einem Wandel« (Michalak 2013, S. 35–48).

Um den Wandel eines Anliegens zuzulassen, bedarf es einer steten Neugierde. Konstruktive Fragen, wie »Habe ich Sie richtig verstanden, dass ...« oder »Mal angenommen, wir arbeiten an dieser Stelle weiter ...« oder »Wenn wir Ihre Kollegin zu genau diesem Aspekt befragen, was würde sie sagen?« kann die Supervisorin immer dann stellen, wenn bei ihr ein Gefühl der Sicherheit in der Lösung entsteht. Diese ist vermutlich die Lösung der Supervisorin und führt weg von einer neugierigen, eruierenden Fragehaltung. Die Marker für das Gefühl von unerwünschter Sicherheit sind individuell. Dies kann ein »Bauchgefühl«, eine Sehnsucht nach Beendigung oder etwas Ähnliches sein. Um das herauszufinden, bedarf es genau dieser Selbstreflexion.

2.6 Prozessführung

Realisierung des Fokus *Prozessführung*

Die Prozessführung ist die Kernkompetenz des systemischen Arbeitens. Operationale Geschlossenheit und Autopoiesis sind die theoretischen Grundlagen, die darauf verweisen, dass Klienten im Beratungsprozess Experten ihrer selbst sind. In der Praxis der Beratung führt dies zur Ressourcen- und Lösungsorientierung sowie zur zentralen Säule, die die Anliegenentwicklung ist. Für die Supervisorin bedeutet dies: »Respekt gegenüber Menschen – Respektlosigkeit gegenüber Ideen und Problemen« (Ceccin et. al. 1993). Somit ist sie die Expertin für die Gestaltung des Prozesses.

Hier möchten wir nicht darauf eingehen, was systemisch-supervisorische Prozessführung ist, sondern hervorheben, was das Besondere an ihr ist. Diese in der systemischen Sprache so gebräuchliche Begrifflichkeit beinhaltet viel mehr als das Joining und die möglicherweise passend anregende Intervention an vermeintlich passender Stelle.

Es geht darum, Bedingungen zu schaffen, in denen Supervisanden einen Gestaltungsraum finden, der zu ihnen sowie dem beruflichen

Kontext ihrer »Employografie« (berufliches Gewordensein i. w. S.) und ihren beruflichen und privaten Kompetenzen passt. Es braucht einen hilfreichen Raum, damit Supervisanden ihren Zielen näher kommen können. Wir sprechen über innerliche und äußerliche Räume, die es ermöglichen, dass man Leidenschaft für sich selbst und seine Ziele entwickelt. Hierzu gehört eine Atmosphäre, die es erlaubt, dass Supervisanden Kräfte mobilisieren, die für Veränderungen notwendig sind.

Die Verantwortung dafür, diese Bedingungen zu schaffen, liegt zunächst bei der Supervisorin. Denn Supervisanden wissen nicht, was sie benötigen, um Bewegung in ihre Prozesse zu bringen – sie wären sonst nicht zur Supervision gekommen. Was aber sind dies für Bedingungen? Allen voran ist es die Biophilie,

> »... eine leidenschaftliche Liebe zum Leben und zu allem Lebendigen [und den] Wunsch nach weiterem Wachsen, sei es einer Person, einer Pflanze, einer Idee oder einer sozialen Gruppe« (vgl. Fromm, S. 406, zit. n. Otterstedt u. Olbrich 2003, S. 73).

Sie bringt die Zuversicht, die den Supervisanden vielleicht fehlt. Durch die Liebe zum Lebendigen wird es möglich, an Veränderungsprozesse der Supervisandin zu glauben. Wenn die Supervisandin noch zweifelnd ist, benötigt sie eine Stellvertreterin für den Glauben an ihre Kompetenzen. Es sind Angebote, die die Supervisorin machen kann, ohne dass eine Bewertung darüber erfolgt. Die Supervisorin muss bereit sein, diese Angebote jederzeit wieder zurückzuziehen und neue zu kreieren.

Die Kriterien einer systemischen Haltung (s. Kap. 2.2) schaffen Bedingungen, in denen Veränderungskreativität entstehen kann. Sie zeigen sich ganz praktisch in der aktiven Gestaltung von der Begrüßung bis zur Verabschiedung nach Abschluss der Sitzung.

In der Abbildung 11 zeigt sich die Balance der Interventionen zwischen Stabilität und Instabilität.

Der Prozess an sich ereignet sich in der Kooperation zwischen Supervisandin und Supervisorin. Beide tragen ihren Teil dazu bei – die Supervisandin durch das Maß der Gestaltung ihrer Ziele und angemessener Schritte, die Supervisorin durch das Maß der Gestaltung des Rahmens, der förderlich ist. Zusätzlich entsteht etwas, dass nur in der Kombination der beiden Gestaltungsräume entstehen kann und in jedem Supervisionsprozess einzigartig ist. Weder die Supervisorin noch die Supervisandin kann es alleine produzieren. Nennen wir es ein

Kunstwerk. Spürbar ist es in einer Magie des Kommunikationsflusses: Stabilisierung folgt auf Anregung, Sicherheit auf Verunsicherung. Nach und nach entwickelt sich ein eigenes Gebilde der Veränderung, das dem Anliegen der Supervisandin entspricht. Diese Erfahrung können die Kommunikationspartner als magisch empfinden.

Da Supervisorinnen ihre Arbeit nicht an der Veränderung der Supervisandin messen können (diese entwickelt für sich, was für sie sinnvoll erscheint), ist dies ein Merkmal der eigenen supervisorischen Qualitätsmessung: Entsteht ein Kunstwerk der Kommunikation?

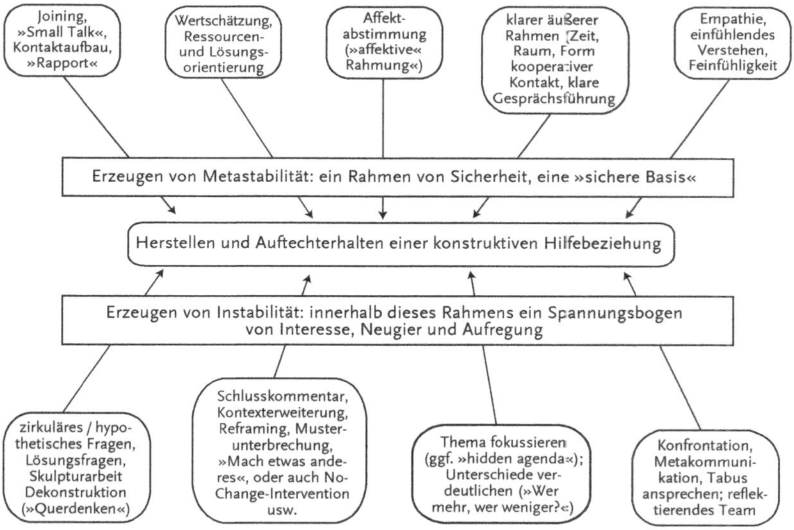

Abb. 11: Prozess-Steuerung (Loth u. von Schlippe 2004, S. 342)

Grundsätze der Reflexion im Hinblick auf *Prozessführung*

Es gibt neben der direkten Kommunikation noch mehr Faktoren, die den Prozess steuern. Der Blick auf die Begrüßung der Supervisandin mit dem Aspekt des Joinings (Small Talk mit Bezug), die Gestaltung des Raumes und die Position der Sitzmöbel, das Anbieten eines Getränkes: All dies verschafft eine Atmosphäre der Sicherheit. Hierdurch ist es möglich, die wirkmächtigste Intervention zu bahnen, nämlich den Beziehungsaufbau zwischen Supervisandin und Supervisorin (s. Kap. 2.5). Weiterhin macht der Prozess der Anliegenentwicklung deutlich, dass die Supervisandin eine Expertin für ihre Inhalte ist, und vermittelt Respekt vor ihren Lösungsversuchen. An diversen Stellen im Prozess, die die Supervisorin in Resonanz mit der Supervisandin als geeignet ansieht, erfolgen anregende Interventionen durch systemische Techniken unterschiedlicher Art.

All diese Aktionen werden von der Supervisorin initiiert. Sie bestimmt das Maß der Stabilität und das Maß der Anregung. Dadurch, dass die Supervisorin die Resonanz und die Reaktionen der Supervisandin einbezieht, modifiziert sie den Ablauf permanent. Sie ermöglicht dadurch die Entstehung des einzigartigen Erlebensraumes, der zunächst vollständig unabhängig vom Inhalt des Gesprächs ist.

Es gilt das Prinzip, dass die Interventionsmethode dem Prozess folgt und dieser dem Anliegen der Supervisandin. Das bedeutet, dass ein Supervisionsprozess begleitende, anleitende und supervisorische Anteile haben kann. Die Entscheidung, ob und wann welches Format im Prozess ansteht, liegt auch hier zunächst bei der Supervisorin. Die Supervisorin befähigt sich, jederzeit das Format zu ändern bzw. die Interventionen anders zu gestalten. Dies tut sie, indem sie die Reaktionen der Supervisandin erspürt bzw. die Wahrnehmungen und Resonanzen auf transparente Weise anspricht. Die Kompetenz, die Passung zu beurteilen, liegt bei der Supervisandin.

Exkurs zur Wertschätzung

Die so häufig genutzte Begrifflichkeit der Wertschätzung ist in ihrer Durchführung ein wichtiger Grundsatz. Wir nähern uns der Bedeutung an: Im klientenorientierten Ansatz zeigt sich Wertschätzung, indem die Beraterin den Äußerungen und dem aktuellen Verhalten der Klientin uneingeschränkt akzeptierend und annehmend begegnet. Sie muss nicht allem zustimmen oder es gutheißen, aber sie legitimiert die Weltsicht. Es geht um ein emotionales Beziehungsangebot an den Menschen als Ganzes. Finke ist in seiner Definition radikaler:

> »Es handelt sich hier genau genommen um nichts anderes als eine Haltung besonderer Sachlichkeit. Es geht um die entschiedene Hinwendung zur ›Sache‹, hier der Person des Klienten« (Finke 1994, S. 32).

Jede Wertzuschreibung, und damit auch die Wertschätzung, ist eine Entscheidung. Da im Normalfall aber Unberechenbarkeit und Unentscheidbarkeit vorherrschen, kommt der Intuition als Erfahrungswert eine besondere Bedeutung zu. Sie ist das Tor zu unserem impliziten Wissen. Um hindurchzuschreiten, braucht es eine Metaposition, von der aus man Kontakt mit dem Körper als lebendigem Organismus aufnehmen kann. Der Körper steht in Wechselwirkung mit seiner Umwelt und weiß über sie anderes als die Kognition oder Emotion. Dieses Wissen lässt sich abfragen und steht mit allen anderen Wissenskanälen in Beziehung, sodass es in die Kommunikation eingebracht werden kann. Selbstreflexion ist ein Weg hierfür. Wertschätzung ist also abhängig von der Bewertung des Beobachters – das heißt abhängig von der Richtung der Aufmerksamkeit, der Selbstreferenzialität des Beobachters und des Selektionsprozesses der Kommunikation.

Um in kongruenter Kommunikation eine vertrauensvolle Beratungsbeziehung aufzubauen, in der es möglich ist, Wertschätzung zu geben, bedarf es eines Rückgriffs der Supervisorin auf ihre unterschiedlichen Selbstwerte und auf ihren Ausgleich untereinander. Das wiederum beinhaltet die Anforderung der Selbstreflexion und der Selbstfürsorge eines Beraters. Die Selbstwertschätzung der Supervisorin bekommt also eine besondere Bedeutung. Einen Anhaltspunkt dazu bietet folgende Abbildung.

Abb. 12: Selbstwertschätzung

Durchführung einer Reflexion zur *Prozessführung*

Die Frage nach der eigenen Einstellung zum Leben und der Wertschätzung seiner selbst steht am Anfang einer Reflexion zur Prozessführung. Ist die Supervisorin in einem gewissen Maße im Reinen mit sich, wird es ihr leichter fallen, das Expertentum der Supervisandin anzuerkennen, auch wenn die Inhalte des Prozesses nicht denen der Supervisorin entsprechen. An die Reflexion schließt sich also in direkter Form die Selbstfürsorge an, die sich auch in einer annehmenden oder abgrenzenden Positionierung zeigen kann. Anschließende Fragen können sein:

- Wie reagiere ich, wenn die Zielvorstellungen, Themen und Werte meiner Supervisanden meinen eigenen widersprechen?
- Sorge ich in ausreichendem Maße für eine positive Einstellung dem Leben gegenüber? Was tue ich, wenn dies nicht möglich ist?
- Kann ich mit Vertrauen in die Kompetenzen und mit Zutrauen in die Fähigkeiten meiner Supervisanden in den Beratungsprozess gehen? Was tue ich, wenn dies nicht der Fall ist?
- Welchen Kontakt habe ich zu meiner Intuition? Wie lasse ich sie zu Wort kommen? Wie geht sie ins Zwiegespräch mit meiner Kognition?
- In der Frage des Joinings ist es von Vorteil, eigene Gestaltungsmöglichkeiten auszuprobieren, um eine Atmosphäre zu schaffen, in der auch die Supervisorin sich wohlfühlt.
- Jede Supervisorin hat Vorlieben in der Interventionsgestaltung. Die Frage, ob diese in gutem Maße für Klienten anregend sind, muss sie sich regelmäßig stellen.
- Wieviel Irritation halte ich selbst aus, wenn ich Interventionen setze, die ich noch nicht eingeübt habe?
- Darf ich mir erlauben, Anregungen zu platzieren, von denen ich nicht sicher bin, ob sie passend sind? Bin ich in der Lage, sie zurückzunehmen?
- Wie viel Anleitung darf meine Prozessführung enthalten? Wie viel Begleitung darf meine Prozessführung mit sich bringen? Wonach entscheide ich?
- Die Qualität der Prozessführung bedarf einer vom Veränderungsprozess der Supervisandin unabhängigen Bewertung.
- Welche Qualitätsmerkmale sind für meine Prozessführung ausschlaggebend?
- Woran messe ich erfolgreiches Arbeiten?
- Wie gehe ich mit für mich definierten Erfolgen um?
- Wie gehe ich mit für mich definierten Misserfolgen um?

3 Methoden der Selbstreflexion

Selbstreflexion findet in der Regel allein statt. Selbst in einem intervisorischen Rahmen, in dem andere Profis einen Reflexionsraum zur Verfügung stellen, beginnt der verändernde Prozess intim im Innersten des Menschen. Die Reflexion seiner selbst im beruflichen Tun kann auch durch berufsfremde Auslöser aktiviert werden. Ein Gespräch mit Freunden, eine Beobachtung in der Fußgängerzone oder die Bemerkung eines fremden Menschen können Gedanken aktivieren, die reflexive Prozesse beinhalten.

Die Selbstreflexion der Supervisorin als Teil einer qualitätssichernden Maßnahme sollte man nicht dem Zufall überlassen. Sie ist eine Intervention, und wie jede Intervention folgt sie dem Kriterium der Orientierung am Anliegen. Die Supervisorin vollzieht zunächst ein eigenes Anliegen für ihren reflexiven Prozess. In unserem Vorschlag orientiert sich die Anliegenentwicklung der Selbstreflexion daran, auf welche Ziele die zu reflektierenden Systeme ausgerichtet sind. Hiernach konstituiert sich der reflexive Prozess. Zeitpunkt und eigene Vorlieben der Reflexion fließen dann in die Wahl der Methode ein.

Ist das Anliegen eine allgemeine, routinierte Reflexion der supervisorischen Arbeit, findet sie ihren Ort vielleicht im Anschluss an die supervisorische Sitzung bzw. an den Prozess oder auch im supervisorischen Setting selbst.

Vielleicht sind aber auch eigene Resonanzphänomene Auslöser dafür, in die außerordentliche Selbstreflexion zu gehen:

- Unstimmigkeiten auf der Beziehungsebene,
- Unzufriedenheit mit der eigenen Prozessführung,
- ein für die Supervisandin oder die Supervisorin nicht angemessenes Ergebnis,
- Kritik am Supervisionsprozess oder
- ein aufmerkendes intuitives Empfinden

sollten ein selbstreflexives Vorgehen zur Folge haben.

Vorherige Reflexionen und Auseinandersetzungen mit dem eigenen Gewordensein führen der Supervisorin eigene Trigger vor Augen, die sie hellhörig machen und ihr verdeutlichen, wessen Anliegen im

Prozess gerade thematisiert werden. Es kann sein, dass eigene Bedarfe, Wünsche sowie Ziele deutlich werden und durch die Reflexion zugunsten der neutralen Haltung und des Anliegens der Supervisandin zurückgestellt werden – im Sinne der systemischen Supervision ist dies ein erstrebenswerter Prozess.

Auch ohne das Aktivieren von Triggern kann es hilfreich sein, Momente der Atempause zu installieren, in denen man einen beobachtenden Blick auf das supervisorische Vorgehen wirft. An dieser Stelle helfen Leitgedanken, wie sie in den vorherigen Kapiteln formuliert wurden.

Im Folgenden erstellen wir ein Angebot an methodischem Vorgehensweisen, das sich nach den Fokussen eines Supervisionssystems richtet. In der Methodenbeschreibung werden sowohl mögliche Ziele als auch Zeitpunkte benannt. Allen gemeinsam ist aber auch hier, dass die Methode dem Prozess und dieser dem eigenen Anliegen folgt.

3.1 Methoden zur Selbstreflexion des Aspekts *Selbstreflexion*

1) Echte Schatzkiste (verändert nach Friebe 2016, S. 101)

Anwendungsfeld

- kontinuierliche Reflexion der supervisorischen Persönlichkeit

Ziele

- Ressourcenstärkung
- Lernentwicklung
- Nachvollziehen der eigenen Kompetenzentwicklung

Durchführung

Die Supervisorin legt sich eine persönliche Schatzkiste an, die ganz ihrem Geschmack und Stil entspricht. Im Laufe ihrer supervisorischen Beruflichkeit sammelt sie an wichtigen Punkten ihrer Laufbahn und in bedeutsamen Momenten der supervisorischen Tätigkeit symbolisch metaphorische Gegenstände. Dies können Gegenstände sein, die entweder im direkten Bezug zum Geschehenen stehen oder symbolischen Charakter haben. Möglich sind auch Bilder, Notizen oder Briefe von Supervisanden – im Grunde alles, was eine Information übermittelt. Sie füllen die Schatzkiste möglicherweise über Jahre und dokumentieren somit Entwicklungen, Veränderungen und Ressourcen.

2) Inneres Team als Reflecting Team

Anwendungsfeld

- Reflexion im Anschluss an supervisorische Sitzungen
- Reflexion im Anschluss an supervisorische Prozesse

Ziele

- Bewusstmachung des eigenen Beratungshandelns
- Bewusstmachung der Motivationen im supervisorischen Handeln
- Umgang mit Kritik an der Supervisorin

Durchführung

Innere Teammitglieder, die für den Prozess von Bedeutung sind oder waren, werden identifiziert und gesammelt. Jedes innere Teammitglied bekommt eine Bezeichnung oder einen Namen. Im Weiteren werden die Mitglieder, die für den Prozess am bedeutendsten sind, priorisiert. Dies können besonders laute oder leise Stimmen, Motivatoren, Bremser oder andere sein. In der Priorisierung unterstützt die Zukunftsfrage: »Wer sollte mit wem ins Gespräch kommen, sodass die folgenden supervisorischen Sitzungen meiner Selbstdefinition entsprechend verlaufen?«

Die Zettel mit den entsprechenden inneren Teammitgliedern werden Stühlen zugeordnet. Die Supervisorin besetzt nacheinander die Stühle, nimmt die Position dieses inneren Teammitglieds ein und ergreift seine/ihre Stimme. Möglicherweise muss sie die verschiedenen Positionen mehrfach einnehmen und die Teammitglieder ins Gespräch bringen. Sollte die Supervision Anteile haben, die Kritik an der Supervisorin vermitteln, hat dieses innere reflektierende Team die Möglichkeit, eine Unterscheidung zwischen Persönlichkeit und Rolle vorzunehmen und ein konstruktives Vorgehen zu entwickeln.

3) Bilanzieren

Anwendungsfeld

Bei der Vorbereitung von Zwischenbilanzen bzw. Auswertungen von Supervisionsprozessen kann man an einer Flipchart nachfolgende Kriterien (s. u.) in Form einer Stichwortsammlung zusammentragen.

Ziele

- Zur Rahmung des Bilanzierens: Die Auswertung sollte man getrennt von der Entscheidung über eine Weiterführung bzw. Beendigung der Supervision vornehmen.

Durchführung

Folgende Leitfragen steuern die Bilanz:

- Wie hilfreich war die Bearbeitung der eingebrachten Anliegen?
- Wie nützlich war die Struktur einer Supervisionssitzung?
- Wie effizient war das Zeitmanagement?
- Welchen Nachhall haben die Ergebnisse der Supervision gehabt? Wie gut ließen sie sich im Alltag anwenden?
- Wie ausgewogen war das Verhältnis der Beiträge des Supervisanden, des Supervisors und der Gruppe?
- Wie anerkennend und wertschätzend bin ich mit den Arbeitsbeschreibungen der Supervisanden umgegangen?
- Wie fehlerfreundlich war die Supervision?
- Welche Methoden waren gewinnbringend?
- Wie ist man auf Phänomene des Teams eingegangen, die im Laufe der Zeit beobachtbar waren?
- Wie ausbalanciert war das Verhältnis zwischen Struktur und Prozess während der Supervisionsprozesse?
- In welcher Weise ist die Unterscheidung zwischen Person, Rolle, Organisation und Feld während der Supervision bedacht worden?
- Wieviel Vertrauen herrscht in der Gruppe?
- Im Hinblick auf eine Fortsetzung der Supervision: Was soll so bleiben, wie es ist, weil es in Ordnung ist? Welche Aspekte sollte man anders akzentuieren, um die Supervision zu verbessern?
- Wie sehr haben persönliche und »intime« Themen in der Supervision Platz gehabt?

3.2 Methoden zur Selbstreflexion des Aspekts *Haltung und Rolle*

1) Der Beobachterstuhl

Anwendungsfeld

- Reflexion während einer supervisorischen Sitzung
- ritualisiert zur Selbstbeobachtung
- bei Auftreten eigener Marker, die auf Unstimmigkeiten deuten

Ziele

- Verdeutlichung der eigenen Haltung
- Verdeutlichung des eigenen Rollenhandelns

- Verdeutlichung der Prozessführung
- Schaffen einer Entscheidungsgrundlage für die weitere Prozessführung

Durchführung

Die Supervisorin imaginiert sich vor Beginn des supervisorischen Arbeitens einen freien Beobachterstuhl neben dem eigenen. Die Imagination kann durch einen Anker, wie z. B. einen Gegenstand, verstärkt werden.

An virulenten Punkten des supervisorischen Arbeitens nutzt die Supervisorin Atempausen, Denkpausen, längere Beschreibungssequenzen der Supervisanden oder Ähnliches, um sich imaginativ auf den Beobachterstuhl zu setzen. Von hier aus ist es möglich, sich selbst in seinem Handeln, seiner Körperhaltung und seiner Emotion nachzuspüren. So kann sie aus der Distanz die bisherigen Inhalte der Sitzung, die körpersprachliche Abstimmung und den Verlauf der Kommunikation betrachten. Der Fokus geht dabei weg von der Supervisandin hin auf die kommunikativen interpersonellen und die eigenen intrapersonellen Prozesse. Mit diesen Beobachtungen ist es möglich, die gelebte Haltung und die Rolle der Prozessführenden neugierig zu hinterfragen.

Die gewonnenen Erkenntnisse kann man dem Supervisionsprozess kommunikativ zur Verfügung stellen, oder sie lenken das weitere Vorgehen, ohne dass man explizit auf sie eingeht.

Die Methode erfordert Training und Geduld mit sich selbst.

2) Memory der Glaubenssätze

Anwendungsfeld

- Reflexion im Anschluss an eine supervisorische Sitzung
- ritualisiert zur Selbstbeobachtung
- bei Auftreten eigener Marker, die auf Unstimmigkeiten deuten

Ziele

- Weiterentwicklung des Rollenverständnisses
- Abgleich des Handelns mit der Haltungsüberzeugung
- Sicherung der Ressourcen
- Qualitätssicherung des supervisorischen Handelns

Durchführung

Im Anschluss an eine supervisorische Sitzung oder nach Abschluss eines supervisorischen Prozesses notiert die Supervisorin vermeintliche Glaubenssätze, die ihr eigenes Rollenhandeln und die supervisorische Haltung bestimmt haben könnten. Diese dürfen gerne plakativ beschrieben werden – wie z. B.: »Wenn ich dem Team hilfreich sein will, muss ich für alle Mitglieder die gleiche Sympathie empfinden.« Nachdem eine Reihe von Glaubenssätzen notiert sind, wird zu jedem Satz das Gegenstück als Memorypartner entworfen. In dem genannten Bespiel könnte es folgendermaßen lauten: »Wenn ich dem Team hilfreich sein will, weiß ich genau, dass mir folgende Personen unsympathisch sind.« Oder: »Wenn ich dem Team hilfreich sein will, spielt Sympathie überhaupt keine Rolle.« Die gedankliche Auseinandersetzung mit den gegensätzlichen Memorypartnern ermöglicht es einem, sich dieser Haltungen bewusst zu werden und sich insofern innerhalb des Spannungsfelds der Glaubenssätze zu positionieren. So lässt sich die eigene Haltungs- oder Rollenüberzeugung stärken bzw. entwickeln. Hilfreich für die Durchführung dieser Methode ist eine angenehme Arbeitsatmosphäre.

3.3 Methoden zur Selbstreflexion des Aspekts *Supervisionskonzept*

1) Konzeptentwicklung mithilfe der Plausibilitätsbrücke

Anwendungsfeld

- Übergangsphasen der Tätigkeitsfelder
- Neuorientierung des professionellen Handelns
- Orientierung in komplexen Auftragslagen
- Wunsch nach Veränderung des professionellen Aufgabenfeldes

Ziele

- Ausrichtung eines neuen Tätigkeitsfeldes
- Reflexion der Zielgruppenorientierung
- Reflexion der Stimmigkeit zwischen Konzept und supervisorischem Handeln

Durchführung

Für diese Methode werden Moderationskarten und eine größere Bodenfläche benötigt. Im ersten Schritt wird ein wichtiges, zeitlich entferntes Ziel oder ein Wunschzustand beschrieben. Dieses kann sich auf der Handlungsebene, aber auch auf der Wahrnehmungs- oder Emotionsebene befinden.

Das Ziel wird als Stichwort auf einem Zettel notiert und auf einer imaginären Zeitlinie im Raum in die Zukunft gelegt.

Der aktuelle Stand in Bezug auf das Ziel wird auf einem Zettel notiert und auf der Zeitlinie in der Gegenwart positioniert.

Der Prozess beginnt am Ziel in der Zukunft: Das auf dem Zettel notierte Ziel, bzw. der Wunschzustand, wird imaginiert und gedanklich ausgemalt.

Von der Zukunft aus geht die Schrittfolge rückwärts bis zur Gegenwart, wobei eine Szenarienkette aus den zuletzt gemachten Schritten entsteht. Welcher Schritt wurde getan, um diesen in der Szenarienfolge entstandenen Zustand zu erreichen?

Nach Vollendung der »Brücke« wird diese auf Trittstabilität geprüft, indem man von der Gegenwart bis zur Zukunft Schritt für Schritt die Passung der Schrittabfolge abgeht und nachspürt.

Die einzelnen Schritte werden so lange verschoben, herausgenommen oder hinzugefügt, bis die Brücke tragfähig ist.

Dabei helfen folgenden unterstützenden Gedanken und Fragen an sich selbst:

- Was ist der Schritt, den ich gemacht habe, um zu diesem Punkt zu kommen?
- Welche Freunde, Unterstützer gibt es?
- Wem sollte ich ausweichen?
- Von wem oder was sollte ich mich verabschieden?
- Welche Fähigkeiten wende ich an?
- Welche Fähigkeiten möchte ich dazugewinnen?
- Was ist körperlich zu beachten?
- Was brauche ich an materiellen Dingen/Geld?
- Welche Hobbys gibt es? Welche könnte ich reaktivieren/neu gewinnen?
- Was sollen meine Kunden als Erstes von mir wahrnehmen?
- Wie möchte ich, dass man von mir spricht?
- Welche Werte meines Handelns sollen auf jeden Fall erhalten bleiben?

2) Stellenanzeige

Anwendungsfeld

- Übergangsphasen der Tätigkeitsfelder
- Neuorientierung des professionellen Handelns
- Unsicherheiten in der Zielrichtung des bestehenden Konzepts

Ziele

- Ausrichtung eines neuen Tätigkeitsfeldes
- Reflexion der Zielgruppenorientierung
- Reflexion der Stimmigkeit zwischen Konzept und supervisorischem Handeln
- Stabilisierung der supervisorischen Ausrichtung

Durchführung

Im ersten Schritt wird ein Steckbrief erstellt, der sich an der eigenen Biografie orientiert. Zu den vier Aspekten – *Krisensituationen, Flowsituationen, Umbruchssituationen, Beendigungssituationen* – werden Kompetenzen gesammelt. Als Leitgedanke gilt die Frage nach externen und internen Ressourcen und Fähigkeiten, die zur Bewältigung beigetragen haben.

Im Anschluss erfolgt eine Beschreibung der visionierten beruflichen Situation, wie man sie als gut bewerten würde.

Was nun folgt, ist eine Art des Externalisierens, indem man eine Stellenausschreibung für die Tätigkeit formuliert, die der Vision entspricht. Der Aspekt der Erwartungen, die ein fiktiver potenzieller Bewerber erfüllen müsste, wird dadurch gefüllt, dass man die Kompetenzen der eigenen Biografie im Hinblick auf diese »Stelle« ausformuliert.

Das vorliegende Produkt bündelt die eigenen Kompetenzen für eine erwünschte Gestaltung des Tätigkeitsfeldes. Nun kann die Realitätsprüfung erfolgen. Was von dem Beschriebenen ist ein erster kleiner Schritt? Welche Ressourcen sind dazu nötig? Welches Zeitfenster sollte eingeplant werden?

3.4 Methoden zur Selbstreflexion des Aspekts *Arbeitsbeziehung*

1) Mit fünf Mündern sprechen – mit fünf Ohren hören
(verändert nach J. Friebe 2016, S. 201)

Anwendungsfeld
- Reflexion im Anschluss an eine supervisorische Sitzung
- Reflexion eines kompletten Supervisionsprozesses

Ziele
- Klärung von Reibungen in der Arbeitsbeziehung
- Sicherung der eigenen Vorstellung in der Gestaltung von Arbeitsbeziehungen
- Stärkung der Handlungssicherheit
- Vergrößerung des Handlungsspielraums

Durchführung

Auf fünf Karten oder Blättern werden die fünf Aspekte der Kommunikationskanäle in Anlehnung an das Kommunikationsquadrat nach Schulz von Thun notiert:

- Sache
- Appell
- Ich (Bedürfnisse, Gefühle)
- Wir (Supervisandin und Supervisorin)
- Supervisandin

Die jeweiligen Aspekte werden mit Assoziationen zu folgenden Fragen gefüllt und schriftlich festgehalten:

- Durch welchen Auslöser wird dieser Aspekt angesprochen?
- Wie reagiere ich bei diesem Aspekt?
- Welcher Aspekt springt wie oft an?
- Welche Schlüsselbegriffe lassen diesen Aspekt anspringen?
- Welche sonstigen Trigger lassen diesen Aspekt anspringen?
- Wie vertraut ist mir dieser Aspekt?
- Wie erwünscht ist dieser Aspekt für mich?

Die Auseinandersetzung mit diesen Fragestellungen erlaubt es, die Reaktionsmuster zu hinterfragen, sodass sich der Handlungsspielraum vergrößern lässt.

2) Schicksalsnarration

Anwendungsfeld

- Reflexion im Anschluss an eine supervisorische Sitzung
- Reflexion eines kompletten Supervisionsprozesses

Ziel

- Klärung von Reibungen in der Arbeitsbeziehung
- Stärkung der Handlungssicherheit
- Vergrößerung des Handlungsspielraumes
- Erweiterung des Deutungsrahmens

Durchführung

Heinz von Foerster äußert dazu: Wenn wir sowieso Geschichten erfinden, können wir auch gleich gute Geschichten erfinden.

Geschehnisse lassen sich demnach auf verschiedene Weise erzählen. In Bezug auf die Bewertung der Arbeitsbeziehung ist es mithilfe eines Würfels möglich, Narrationen umzuformen. Beispielsweise gelten alle geraden Zahlen für die Annahme, dass die Arbeitsbeziehung des supervisorischen Prozesses gut ist, alle ungeraden Zahlen für die Annahme, dass sie schlecht ist. Nach dem Würfeln werden entsprechende »Beweise« für diese Annahme in der Reflexion des Prozesses gesammelt. Sie können schriftlich festgehalten werden.

Nach der Formulierung beider Varianten nimmt die Supervisorin eine Metaposition ein, aus der heraus sie berichtet, wie die Arbeitsbeziehung auch sein kann.

Im Anschluss ist es möglich, Fragestellungen zu entwickeln, die entweder dem laufenden Prozess oder nachfolgenden Prozessen zuträglich sein können.

3.5 Methoden zur Selbstreflexion des Aspekts *Supervisandin*

1) Anliegenorientierung im Supervisionsdreieck

Anwendungsfeld

- Reflexion im Anschluss an eine supervisorische Sitzung
- Reflexion im Anschluss an supervisorische Prozesse
- Reflexion von einzelsupervisorischen Prozessen
- Reflexion von Prozessen mit Mehrpersonensystemen

Ziele

- Fokussierung auf die Anliegen der Supervisandin
- nachhaltiger Blick auf das Expertentum der Supervisandin
- Orientierung in der Prozess-Steuerung anhand des Anliegens der Supervisandin

Durchführung

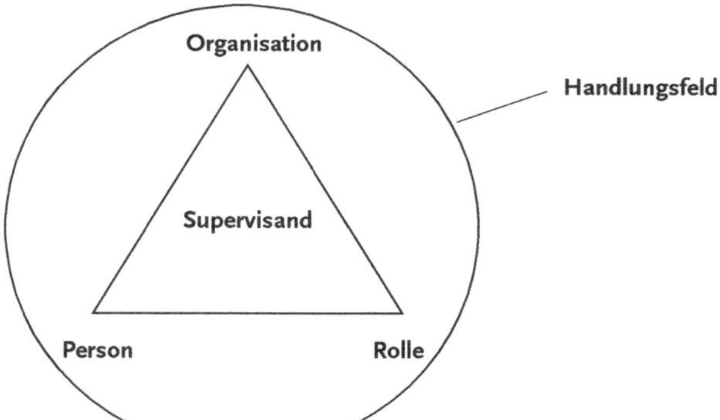

Abb. 13: Supervisionsdreieck (Lüschen-Heimer u. Michalak 2019, S. 20)

Auf der Matrix des Supervisionsdreiecks werden zu den einzelnen Feldern »Organisation«, »Person« und »Rolle« vernommene und antizipierte Anliegen der Supervisandin notiert. Sie können verbal oder nonverbal formuliert sein, angedeutet oder konkret ausgesprochen. Im Sinne des Handlungsfeldes zieht die Supervisorin Schlüsse für die weitere Anliegenentwicklung. Diese können sowohl auf der Handlungsebene im Sinne von interventionellem Vorgehen liegen oder auf der Haltungsebene.

Nach dem Abschluss eines supervisorischen Prozesses kann man die Stimmigkeit bereits vollzogener Prozesse der Anliegenentwicklung mit den vernommenen Anliegen abgleichen und hieraus Schlüsse für kommende Supervisionsprozesse ziehen.

2) Kontextorientierung im Supervisionsdreieck (Teamsupervisionen)

Anwendungsfeld

- Reflexion im Anschluss an eine supervisorische Sitzung
- Reflexion im Anschluss an supervisorische Prozesse
- Reflexion von Teamsupervisionen

Ziele

- Orientierung in der Prozess-Steuerung durch Einbeziehung der Kontexte des Teams
- Qualitätssicherung durch die Reflexion der Grenzen und Chancen, die das Team in Veränderungsprozessen hat

Durchführung

Das folgende Teamverständnis im supervisorischen Kontext (s. Abb. 14) wird aufsteigend betrachtet. Es dient als Analysewerkzeug.

Anhand der Items geht die Supervisorin in Reflexion über die Beachtung möglicher einflussnehmender Faktoren in ihrer supervisorischen Prozessführung. Im Anschluss an diese Reflexion kann ein Handlungsvorsatz entstehen, der dazu führt, dass die Supervisorin bestimmte Aspekte intensiver in der Supervision mit dem Team erfragt, sie transparent macht oder Interventionen verstärkt an einem bestimmten Aspekt orientiert.

Ein Team definiert sich über die Einbindung in einen organisationellen Kontext. Dieser hat mit seinen Entscheidungsstrukturen, seinen ausgesprochenen und unausgesprochenen Regeln Einfluss auf alle Dynamiken, Haltungen und Handlungen des Teams. Aufgabe der Supervisorin ist es, sich dieses Umfeld der Teamsupervision in Form einer Beobachtung zweiter Ordnung bewusst zu machen.

Auch ein Team ist »nur« ein Mehrpersonensystem. Prozess-Steuerungs-Reflexion bedeutet diesbezüglich, auf die Anliegenentwicklung im Mehrpersonensystem zu achten.

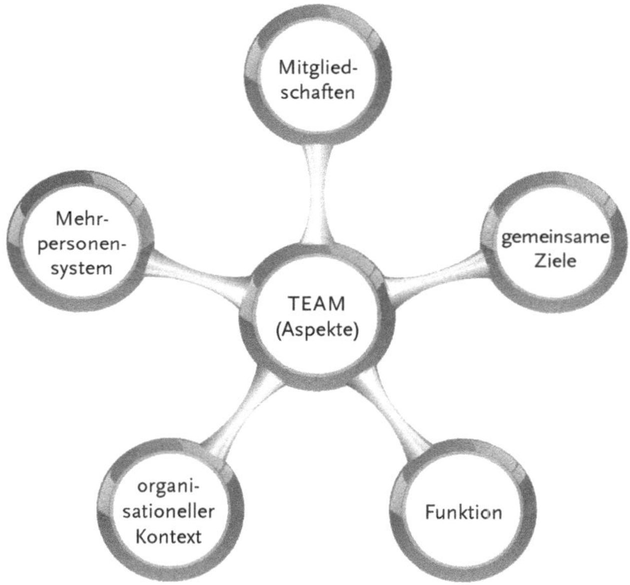

Abb. 14: Definition des Teambegriffs

Im Team entstehen Mitgliedschaften des Kommunikationssystems Team. Alle Anwesenden haben weitere Mitgliedschaften in anderen Kommunikationssystemen – wie z. B. in der Familie, im Sportverein etc. Möglicherweise sind bestimmte Interaktionen in der Supervision durch andere Mitgliedschaften beeinflusst. Emotionen oder Bedürfnisse werden umgelenkt und finden ihren Ausdruck in der Teamdynamik. Dies gilt es in die Reflexion des supervisorischen Handelns einzubeziehen.

Die Mitgliedschaft im Kommunikationssystem Team entsteht dadurch, dass man ein Ziel formuliert. Das Team würde nicht zusammengehören, wenn es kein gemeinsames Ziel gäbe. Gerade diese Zielorientierung sollte auch der Supervisorin in ihrer Prozessführung bewusst sein.

In Teams existieren offizielle und inoffizielle Funktionen. Offiziell werden sie eher als Rollen betitelt; die inoffiziellen Funktionen (Antreiber, Versorger, Beschwichtiger ...) haben aber meist einen größeren Einfluss auf die Kultur und Dynamik eines Teams. Die Reflexion über mögliche Funktionen in der Teamsupervision ist hilfreich.

3) Visualisierte Aufstellung

Anwendungsfeld

- Reflexion im Anschluss an eine supervisorische Sitzung
- Reflexion im Anschluss an supervisorische Prozesse
- Reflexion von einzelsupervisorischen Prozessen
- Reflexion von Prozessen mit Mehrpersonensystemen

Ziele

- Fokussierung der Anliegen der Supervisandin
- Orientierung in der Prozess-Steuerung anhand des Anliegens der Supervisandin
- Ausrichtung des Ziels

Durchführung

Die Visualisierung im Raum ermöglicht die Einnahme einer Metaposition, durch die sich das kommunikative System beobachten lässt.

Supervisorin und Supervisand werden symbolisch im Raum aufgestellt – dazu eignen sich Figuren, Gegenstände aller Art oder Moderationszettel etc. Zusätzlich wird eine Beobachtungsposition markiert, die eingenommen wird und von der aus die Kommunikation des Prozesses rekapituliert wird. Die Supervisorin notiert markante Gesprächsinhalte und entstehende Zweifel, ordnet sie der Supervisandin, sich selbst und/oder dem Zwischenraum der Beziehung zu. Hierüber lassen sich Erkenntnisse gewinnen, die im Fluss der Supervision sonst nicht in den Wahrnehmungsbereich gelangen.

4) Selbst-Tetralemma

Anwendungsfeld

- Reflexion während einer supervisorischen Sitzung
- Reflexion von einzelsupervisorischen Prozessen
- Reflexion von Prozessen mit Mehrpersonensystemen

Ziele

- Orientierung in der Anliegenentwicklung
- Differenzierung der Anliegen von Supervisandin und Supervisorin

- Unterscheidung zwischen dem Expertentum der Themen und der Prozess-Steuerung

Durchführung

Während der Durchführung des supervisorischen Prozess sollte die Supervisorin Schreibmaterial zur Verfügung haben. Parallel zum Prozessverlauf oder in Pausen notiert sie ein Tetralemma der Anliegen.

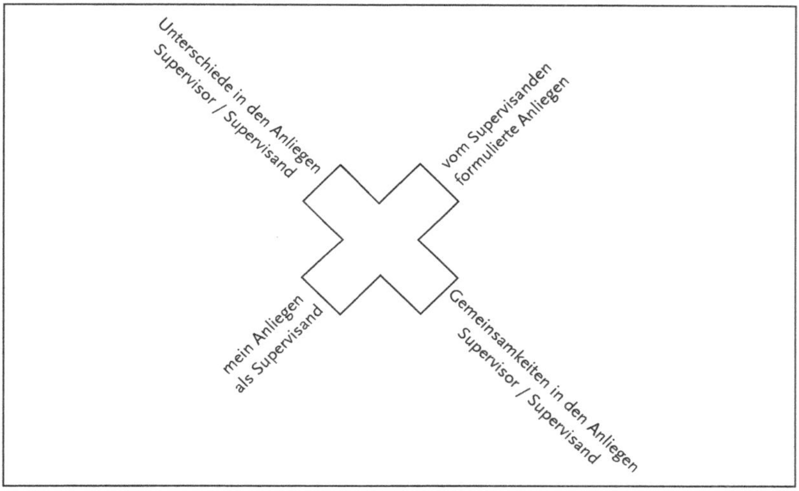

Abb. 15: Anliegen-Tetralemma

Möglicherweise existiert zu den einzelnen Ecken des Tetralemmas ein Gefühl oder Körperempfinden, das ebenso notiert wird. Die Erkenntnisse können in den Supervisionsprozess einfließen, indem sie beispielsweise zur Verfügung gestellt werden oder aber die Interventionsrichtung bestärken bzw. verändern. Im weiteren Verlauf der Sitzung kann immer wieder ein Abgleich mit dem aktuellen Prozess erfolgen.

3.6 Methoden zur Selbstreflexion des Aspekts *Prozessführung*

1) Dimensionen der Supervision

Anwendungsfeld

- Reflexion im Anschluss an supervisorische Sitzungen
- Reflexion im Anschluss an supervisorische Prozesse

- Reflexion der Selbstpositionierung zwischen Fach- und Prozesskompetenz

Ziele
- Aufrechterhaltung der Handlungsfähigkeit im Spannungsfeld der supervisorischen Anliegen zwischen Fach- und Prozesskompetenz
- Selbstdefinition als Supervisorin
- Anliegenorientierung im Supervisionsprozess
- Stärkung der Kompetenz der Anliegenentwicklung

Durchführung

Die Standortbestimmung im Spannungsfeld zwischen Prozess- und Fachkompetenz geschieht in der Reflexion der eigenen Position zwischen den verschiedenen Polen, für die im folgenden Kasten einige Beispiele genannt sind. Zur Reflexion der Haltung in Bezug auf Prozess- und Fachkompetenz im jeweiligen supervisorischen Setting findet eine tendenzielle Einordnung statt. Keine Position ist die »richtige«. Jede kann je nach Anliegen der Supervisandin förderlich sein.

Expertin	Unwissende
Weise	Närrin
Retterin	Begleiterin
Gebärende	Hebamme
Einheimische	Fremde
Kollegin	Berufsfremde

In der Reflexion geht die Supervisandin in die Selbstbeobachtung. Sie ordnet sich in ihrer Rolle dabei überspitzten und plakativen Attributen zu. Diese können wie im obigen Beispiel aus Berufsbezeichnungen bestehen, die die Rolle im Prozess karikieren. Dabei ist es förderlich, spielerisch in die Übertreibung oder auch in eher fremde Spektren zu gehen und sich auszumalen, was in dieser Rolle alles noch – über das bereits Durchgeführte hinaus – möglich wäre.

Möglicherweise variiert die Zuordnung innerhalb eines Prozesses. Die Frage nach dem Anliegen der Supervisanden ist das leitende Merkmal. Die Entscheidung, ob die Supervisorin die eigene Positionierung als passend beurteilt, fällt sie letztendlich für sich selbst. Die systemische Supervision legt den Schwerpunkt auf das Expertentum in der Prozesskompetenz und damit auf die Haltung des Nichtverstehens in Bezug auf die Inhalte. Die Fachkompetenz liegt in erster Linie beim Supervisanden.

2) Prozesse malen

Anwendungsfeld

- Reflexion im Anschluss an supervisorische Sitzungen
- Reflexion im Anschluss an supervisorische Prozesse

Ziele

- Mikroreflexion des supervisorischen Prozesses
- Erweiterung der Handlungsfähigkeit
- Hinterfragen von Gewissheiten

Durchführung

Für die Durchführung dieser Methode ist kein zeichnerisches Talent notwendig. Punkte im Verlauf des Prozesses lassen sich mit Icons oder Emojis symbolisieren. Je nach interner Fragestellung wird ein Teil oder der gesamte Prozess im Verlauf zeichnerisch über Icons aufgezeichnet. Dabei spielt es keine Rolle, wie die Aspekte des Prozessverlaufs offensichtlich bewertet werden. In der Draufschau ist es möglich, verdeckte Beziehungen der Prozessabschnitte, richtungsweisende Punkte und ins Leere laufende Interventionen zu erkennen. Die Prozessgestaltung kann man hiernach verändern und auch Prozessroutinen aufdecken. Das Erleben von Selbstwirksamkeit in der eigenen negativen wie positiven Bewertung lässt sich mit dem Setzen von bestimmten Interventionen oder aber der Beziehungsdichte in Verbindung bringen.

4 Selbstreflexion in der Praxis

Die nachfolgende Selbstreflexion über die Supervision mit einem Jugendamtsteam stammt von einer Kollegin, die sie uns anonym für dieses Praxiskapitel zur Verfügung gestellt hat. In unseren Ausführungen beziehen wir uns auf ihre mündlichen Berichte und unsere Notizen dazu. Denn ein Teil der Selbstreflexion erfolgte im Rahmen einer Intervision.

Unsere Zusammenfassung der Selbstreflexion haben wir an geeigneter Stelle auf die sechs Kriterien einer professionellen Supervisionsreflexion bezogen. Namen und Angaben, die Rückschlüsse erlauben könnten, haben wir bewusst verändert. Den Bericht geben wir aus der Icherzähler-Perspektive und im Tempus der Gegenwart wieder, um den selbstreflexiven Charakter zu unterstreichen.

Unsere Kollegin berichtete Folgendes:

»Zunächst gebe ich einige allgemeine Informationen zum Kontrakt und den Rahmenbedingungen:

Insgesamt bin ich knapp zwei Jahre lang für das Team supervisorisch tätig gewesen. Im Kontraktgespräch mit der Sachgebietsleitung, die im ersten Jahr noch als Leitung tätig ist, vereinbaren wir, dass die Supervision primär für die Fallsupervision vorgesehen ist. Bei Bedarf sollen auch teambezogene Anliegen bearbeitet werden. Wir treffen uns pro Jahr für acht zweistündige Sitzungen. Die Supervision findet in den Räumen des Jugendamtes statt.

Das Team setzt sich aus 9 Personen zusammen. An den Fallsupervisionen nehmen nur selten alle Mitglieder des Teams teil. Die Zusammensetzung der Supervisionsgruppe ist von Termin zu Termin wechselnd. Wenn zeitlich möglich ist auch die Sachgebietsleitung anwesend. Ihre Teilnahme ist für das Team selbstverständlich und ist auch in den vorherigen Supervisionen bewusst so praktiziert worden. Im Laufe des Jahres verlassen zwei Kollegen das Team, um neue Stellen anzutreten. Jüngere Kollegen mit geringer Berufserfahrung rücken nach.

Die Supervisionssitzungen sind so strukturiert, dass wir nach der Begrüßung die Fallanliegen sammeln. Danach entscheiden wir, welche Fallanliegen wir in welcher Reihenfolge besprechen. Die Fälle reflektieren wir auf der Grundlage eines Genogramms, das der Falleinbringer für alle Anwesenden an einer Tafel erstellt. Das Anliegen des Falleinbringenden ist leitend für die Fallreflexion. Wo es sinnvoll erscheint, beteiligt sich die Gruppe mit ihren Resonanzen an der Fallreflexion.

Meine Selbstreflexion beziehe ich hauptsächlich auf das Abschlussgespräch der Supervision.

Einige Wochen vor dem Abschlussgespräch entschließt sich das Team, die Supervision mit mir als Supervisorin nicht fortzusetzen. Eine Zusammenarbeit für ein drittes Jahr wäre denkbar gewesen. Die Entscheidung des Teams ist mir vor dem Abschlussgespräch bekannt. Unabhängig davon beschließe ich ebenfalls, die supervisorische Zusammenarbeit nach zwei Jahren zu beenden.

Das Team nutzt die Supervisionssitzungen über die zwei Jahre hinweg ausschließlich als Fallsupervision. In der Regel besprechen wir zwei Fälle pro Sitzung. Da sich die Gruppe bei jeder Sitzung anders zusammensetzt, wirkt die Fallsupervision wie ein kleiner gemeinsamer Nenner und erlaubt die Arbeitsfähigkeit. Hinzu kommt, dass das Team hier und da andeutet, dass sie wichtige teambezogene Themen während der wöchentlichen Besprechungen behandeln. Diese Themen werden kurz benannt, sollen aber nicht weiter Gegenstand der Supervision sein.

Zu meiner systemischen *Haltung* gehört, dass ich den Falleinbringer als Experten verstehe. Vorrangig lade ich dazu ein, die eigene Arbeitsfähigkeit für die Fallsteuerung in den Blick zu nehmen. Entsprechend erkundige ich mich regelmäßig danach, wie es um die Arbeitsfähigkeit des Falleinbringers im Hinblick auf die gemeinsame Fallreflexion steht. Meine Rolle als Supervisorin zeigt sich in vielfältiger Weise: Ich erlebe mich als strukturierend, moderierend, fragend, motivierend, fördernd und fordernd.

Mein *Supervisionskonzept* für eine Fallsupervision ist dadurch charakterisiert, dass ich während der Fallbearbeitung wiederholt nachfrage, in welcher Weise das zuvor benannte Anliegen noch gilt, ob es sich verändert hat oder andere hinzugekommen sind. Diese Fragen fungieren wie eine kleine Zwischenbilanz und dienen zu meiner Orientierung, sorgen für Transparenz und weben einen roten Faden ein. Die Visualisierung von Schlüsselwörtern auf einer Flipchart sorgt oft für eine Draufsicht auf die Komplexität des eingebrachten Falls. Die anwesenden Teammitglieder lade ich mehrfach ein, ihre Resonanzen zu dem Fall zu benennen. Dabei habe ich im Blick, ob die Vielfalt, die dann auftaucht, für den Falleinbringenden nützlich ist. Über meine Fragen und gelegentlich über eigene Resonanzen biete ich zusätzliche Anregungen zum Reflektieren an.

Im zweiten Jahr erlebe ich die Fallreflexionen als anstrengender. Das hängt mit mehreren personellen Faktoren zusammen. Mit meinem Blick auf die *Supervisanden* zeichne ich die Veränderungen nach:

1. Durch das Ausscheiden der Leitungskraft, mit der ich das Kontraktgespräch geführt hatte, hat eine erfahrene Fachkraft das Team verlassen. Es fehlt die Sicherheit, die sie ihren Mitarbeitenden vermittelt hat, was beispielsweise daran erkennbar ist, dass sie aktiv Entscheidungen getroffen hat. Zudem hat sie ihre Mitarbeitenden fürsorglich im Blick gehabt, ist ihnen zur Seite gestanden, hat sie in schwierigen Fällen unterstützt und hat für ein gutes Arbeitsklima gesorgt.
2. Hinzu kommt: Ein weiterer Kollege, der über eine ähnliche Fachkompetenz verfügt, nimmt sich eine Auszeit. Die jüngeren Mitarbeiter haben durch die erfahrenen Mitarbeiter vor allem Sicherheit und Orientierung gewonnen und sich durch das Miteinander getragen und unterstützt erlebt.
3. Es stoßen zwei junge Kollegen zum Team dazu, die entweder direkt von der Fachhochschule ins Berufsleben eingestiegen sind oder zunächst für kurze Zeit bei einem Jugendhilfeträger gearbeitet haben und jetzt im Jugendamt tätig werden. Diese beiden Berufseinsteiger suchen Orientierung und brauchen im Angesicht der komplexen wie oft krisenhaften Aufgaben im Amt Anleitung bzw. Ansprechpartner für ihre Fragen.
4. Eine Kollegin, die in einem anderen Jugendamt in einer Region mit mehr sozialen Konflikträumen sozialisiert ist, vertritt ihre (abweichende) Meinung aktiv während der Fallbesprechungen und sorgt damit für einen Wertekonflikt und Wertediskussionen. Es taucht immer wieder in verschiedenen Facetten die Frage auf: Wie stark sollen Eltern gefordert oder unterstützt werden bzw. wie stark ist im Sinne des Kindeswohls ein Eingreifen des Jugendamtes notwendig? Diese Diskussionen brechen bei mehreren Fallbesprechungen auf.
5. Die neue Leitungskraft, die aus den eigenen Reihen nachgerückt ist, ist nicht bei jeder Sitzung anwesend. Sie ist fachlich kompetent, bietet Orientierung, lässt allerdings mehr Unsicherheit zu. Sie ist präsenter Ansprechpartner für die Mitarbeiter und pflegt im Hinblick auf die Kohäsion im Team einen zurückhaltenden Leitungsstil.

Die Veränderung auf der Leitungsebene, die Personalfluktuation und die Wertediskussionen fördern die Verunsicherungen innerhalb des Teams. Dies ist auch für mich spürbar und hat einen Einfluss auf meine *Prozess-Steuerung*. Mein Moderationsstil verändert sich im zweiten Jahr. Im Zuge meiner Selbstreflexion wird mir diese Veränderung bewusst. Beispielsweise begrenze ich die Diskussionen über das weitere Vorgehen, sobald eine Grundsatzdiskussion aufkommt. Immer wieder einmal positioniere ich mich mit Statements, um für Orientierung zu sorgen, aber auch, um Wertediskussionen vorzeitig einzugrenzen. Das Entwickeln von Anliegen wird schwieriger, weil die Tendenz zum Hypothetisieren zunimmt. Im Nachhinein bewerte ich diese wahrnehmbare Neigung wie einen Schutz für die Teammitglieder, sich nicht persönlich angreifbar zu machen. Denn die Verunsicherung würde wachsen, wenn ein Teammitglied seine Arbeitsfähigkeit in einem Fall thematisiert. Auch erinnere ich mich, dass die Wertediskussionen oft zu stabilen und selten zu flexiblen Konstellationen im Team führen.

Mehrere Teammitglieder thematisieren im Auswertungsgespräch ihre Verunsicherung. Mir wird klar, dass ich in den Supervisionssitzungen versäumt habe, dem Team meine Beobachtungen über die wahrnehmbaren atmosphärischen Veränderungen während der Fallsupervisionen aktiv mitzuteilen. Es wäre sinnvoll gewesen, die Supervisanden in ihren gemeinsamen Arbeitsprozessen und in ihrem Teamgefüge zum Gegenstand einer Supervisionssitzung zu machen.

Auch erhalte ich eine Rückmeldung zur *Arbeitsbeziehung*: Ein Teammitglied teilt mit, dass es eine ausführlichere Einstiegsrunde vermisst habe. Gerne hätte derjenige erfahren, wo die anderen stehen. Das wäre aus seiner Sicht eine Möglichkeit gewesen, vertrauter miteinander zu werden und als Team stärker zusammenzuwachsen.

Dem ›Blitzlicht‹ stehe ich eher kritisch gegenüber. Oft habe ich dieses während meiner Berufsjahre als typischen Einstieg in die Gruppenarbeit erlebt, den die Teilnehmer nur halbherzig genutzt haben und der keinen Mehrwert erbrachte.

Diese Bewertung stelle ich hiermit noch einmal infrage. Die Leitfrage ›Was möchte ich dazu sagen, wie ich momentan meine Tätigkeit in der Fallarbeit und im Team erlebe?‹ werde ich in zukünftigen Supervisionsprozessen aktiv einsetzen. Eine Einstiegsrunde werde ich also wieder bewusst als eine Struktur in mein Ablaufkonzept einfügen – u. a., um ein Gespür für die Teamatmosphäre und mögliche Themen zu erhalten.«

Chancen der *Selbstreflexion* sind für diesen Fall:

- Es ist nützlich, Irritationen ernst zu nehmen, die bei Differenzen zwischen der Selbst- und Fremdwahrnehmung auftreten. Die Kollegin betrachtet sich als strukturiert und erfahren in der Moderation von Teams. Die Rückmeldung, dass einzelne Teammitglieder während der Supervisionssitzungen eine stärkere Strukturierung vermisst haben, hat sie irritiert, da diese Rückmeldung bei den bisherigen Zwischenbilanzen nicht formuliert worden ist.
- Ein achtsamer Umgang mit der Irritation kann helfen, Bedürfnisse und Themen des Teams besser zu verstehen. Die Kollegin berichtete davon, dass sie ihr Erleben während des Bilanzgesprächs reguliert hat. Hierin zeigt sich ihre potenzielle Ressource für weitere Supervisionsprozesse. Denn ein Containment des Ärgers kann ein Hinweis darauf sein, bislang unausgesprochene Bedürfnisse im Team zu erkennen.
- Die Teamdynamik und der Wunsch nach einer strukturierenden Autorität lassen sich – aus einer metakommunikativen Ebene betrachtet – als Anregung dazu einordnen, die Teamsituation zu fokussieren.

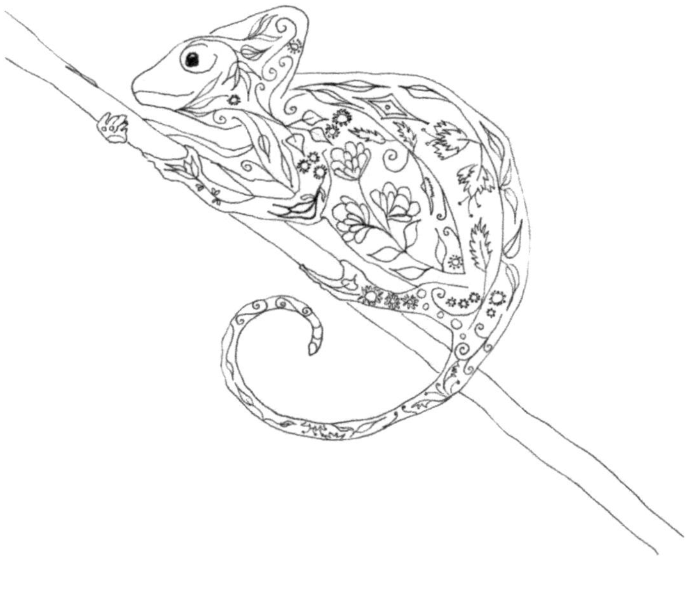

Literatur

Anderson, H. u. H. Goolishian (1992): Der Klient ist Experte: Ein therapeutischer Ansatz des Nicht-Wissens. *Zeitschrift für systemische Therapie* 10 (3): 176–189.

Barthelmess, M. (2016): Die systemische Haltung. Was systemisches Arbeiten im Kern ausmacht. Göttingen (Vandenhoek & Ruprecht).

Berlardi, N. (2005): Supervision. Grundlagen, Techniken, Perspektiven. München (C. H. Beck).

Ceccin, G., G. Lane u. W. A. Ray (1993): Respektlosigkeit – eine Überlebensstrategie für Therapeuten. Heidelberg (Carl- Auer), 5. Aufl., 2010.

Chater, N. (2019): Unbewusste Gedanken und Gefühle? Nichts als Hirngespinste. *Psychologie heute* 46 (3): 47–49.

Crepaldi, G. (2018): Containing. Gießen (Psychosozial).

de Shazer, S. (1999): Der Dreh. Überraschende Wendungen und Lösungen in der Kurzzeittherapie. Heidelberg (Carl-Auer), 13. Aufl., 2015.

Ebbecke-Nohlen, A. (2009): Einführung in die systemische Supervision. Heidelberg (Carl-Auer), 4. Aufl. 2017.

Foerster, H. von (1993): Wissen und Gewissen. Versuch einer Brücke. Frankfurt am Main (Suhrkamp).

Forster, E. (2014): Reflexivität. In C. Wulf u. J. Zirfas (Hrsg.): Handbuch pädagogische Anthropologie. Wiesbaden (Springer).

Friebe, J. (2016): Reflektierbar. Reflexionsmethoden für den Einsatz in Seminar und Coaching. Bonn (managerSeminare).

Fuchs, P. (2005): Die Psyche. Studien zur Innenwelt der Außenwelt der Innenwelt. Weilerswist (Velbrück Wissenschaft).

Fuchs, P. (2010a): Diabolische Perspektiven. Vorlesungen zur Ethik und Beratung. Berlin (Lit-Verlag).

Fuchs, P. (2010b): Das System SELBST. Weilerswist (Velbrück Wissenschaft).

Goodman, F. (1989): Wo die Geister auf den Winden reiten. Trancereisen und ekstatische Erlebnisse. Freiburg im Breisgau (Bauer). [Nachdruck der 6. Aufl. (2007): Haarlem, NL (Kok)].

Grawe, K. (1998): Psychologische Therapie. Göttingen (Hogrefe).

Hargens, J. (2006): Aller Anfang ist ein Anfang. Gestaltungsmöglichkeiten hilfreicher systemischer Gespräche. Göttingen (Vandenhoeck & Ruprecht).

Hargens, J. (2016): Beraten lehren – oder: Wer ist denn kundig. In: D. Rohr, A. Himmelsheim u. M. Höcker (Hrsg.): Beratung lehren. Erfahrungen, Geschichten, Reflexionen aus der Praxis von 30 Lehrenden. Weinheim (Beltz Juventa), S. 38–46.

Hargens, J. u. U. Grau (1990): Kooperieren, reflektieren, öffentlich machen: Skizze eines systemischen Ansatzes auf konstruktivistischer Grundlage. *Systeme* 4 (2): 151–155, 161–163.

Hüther, G. (2012): Biologie der Angst. Wie aus Stress Gefühle werden. Göttingen (Vandenhoek & Ruprecht), 12. Aufl.

Hüther, G. u. B. Sobiray-Hüther (2010): Embodiment. Die Sprache des Körpers verstehen und nutzen [DVD]. Stuttgart (Concordia).

Kriz, J. u. A. von Schlippe (2011): Konstruktivismus in Psychologie, Psychotherapie und Coaching. *Familiendynamik* 36 (02): 142–153.

Levold, T. u. M. Wirsching (2016): Systemische Therapie und Beratung – das große Lehrbuch. Heidelberg (Carl-Auer), 3. Aufl., 2020.

Loth, W. u. A. von Schlippe (2004): Die therapeutische Beziehung aus systemischer Sicht. *Psychotherapie im Dialog* 4 (5): 341–347.

Ludewig, K. (1999): Hilfe und Fürsorge. Einführung der Unterscheidung von Hilfe und Fürsorge. Verfügbar unter: http:/www.kurtludewig.de/allg-Texte.htm. Siehe »pdf 3, pdf-Dateien/files und Powerpoint-Präsentationen« [02.08.2019].

Ludewig, K. (2015): Systemische Therapie. Grundlagen klinischer Theorie und Praxis. Heidelberg (Carl-Auer).

Luhmann, N. (1984/1987): Soziale Systeme. Grundriss einer allgemeinen Theorie. Frankfurt am Main (Suhrkamp).

Lüschen-Heimer, C. u. U. Michalak (2019): Werkstattbuch systemische Supervision. Heidelberg (Carl-Auer).

Michalak, U. (2013): Anliegenentwicklung und emotionale Rahmung – zwei Seiten einer Medaille. *Systema* 1: 35–48.

Moldaschl, M. (o. J.): Reflexivität als Kompetenz. Verfügbar unter: www.tu-chemnitz.de/wirtschaft/bwl9/forschung/fprojekte/reflex/kompReflex/ergebnisse/pdf/Reflexivitaet_als_Kompetenz_MM.pdf [07.09.2020].

Neumann-Wirsig, H. (2011): Jedes Mal anders. 50 Supervisionsgeschichten und viele Möglichkeiten. Heidelberg (Carl-Auer), 3. Aufl. 2017.

Otterstedt, C. u. E. Olbrich (2003): Menschen brauchen Tiere: Grundlagen und Praxis der tiergestützten Pädagogik und Therapie. Stuttgart (Kosmos).

Rogers, C. R. (1987): Eine Theorie der Psychotherapie, der Persönlichkeit und der zwischenmenschlichen Beziehungen. Köln (GwG).

Rohr, D. u. R. Baum (2019): Professionalisierung als narratives Identitätsprojekt: Selbsterzählungen als Forschungszugang und Reflexionsinstrument. *Zeitschrift für systemische Therapie und Beratung* 37 (4): 155–163.

Rosa, H. u. W. Endres (2016): Resonanzpädagogik. Wenn es im Klassenzimmer knistert. Weinheim/Basel (Beltz).

Sauer-Schiffer, U., A. Fuest-Bellendorf u. M. Siemens (2005): Beratung gestalten. Beratungsforschung für die Erwachsenenbildung und außerschulische Jugendbildung. *Report* 28: 158–166.

Schmidt, G. (2005): Einführung in die hypnosystemische Therapie und Beratung. Heidelberg (Carl-Auer).

Storch, M. u. F. Krause (2009): Selbstmanagement – ressourcenorientiert. Grundlagen und Trainingsmanual für die Arbeit mit dem Zürcher Ressourcen Modell (ZRM). Bern (Huber), 4. Aufl.

Storch, M. u. W. Tschacher (2014): Embodied communication. Kommunikation beginnt im Körper, nicht im Kopf. Bern (Huber).

Storch, M. et al. (2010): Embodiment. Die Wechselwirkung von Körper und Psyche verstehen und nutzen. Bern (Huber), 2. Aufl.

Völter, B. (2018): Biographie und Professionalisierung. In: H. Lutz, M. Schiebel u. E. Tuider: Handbuch Biographieforschung. Wiesbaden (Springer VS), S. 472–485.

Walter, J. L. u. J. E. Peller (1994): Werkstattbuch der lösungsorientierten Kurztherapie. Dortmund (Modernes Lernen).

Wimmer, K. (2001): Systemische Interventionen von A bis Z. Ein Überblick über das systemische Methoden- und Interventionsrepertoire in Beratung, Supervision, Coaching und Therapie von A wie Allparteilichkeit bis Z wie Zirkuläres Fragen. Verfügbar unter: http:/www.wimmer-partner.at, siehe »Aktuelle Themen & Artikel« im Abschnitt »Interaktion und Soziale Kompetenz« [06.05.2019].

Wohlleben, P. (2020): Wohllebens Waldführer. Tiere und Pflanzen bestimmen – das Ökosystem entdecken. Stuttgart (Ullmer), 2. Aufl.

Zander, B. (2014): Menschen groß sehen und beflügeln [YouTube-Film]. M. Jotzo (Hrsg.). Verfügbar unter: »https://www.youtube.com/watch?v=3Tu2XxdPwOE« [08.08.2019].

Über die Autoren

Uwe Michalak, Dipl.-Psych.; Fort- und Weiterbildungen in klientenzentrierter Psychotherapie (GWG), Systemischer Therapie und Beratung (SG), Lösungsorientierter Kurztherapie, Gruppendynamik, Idiolektik, Klinischer Hypnose und PEP. Lehrtherapeut und lehrender Supervisor (SG), Mitbegründer und Vorstandsmitglied des WIST, Geschäftsführer der ASK (Agentur für Systemische Kommunikation GmbH) in Telgte. Schwerpunkte: Fort- und Weiterbildungen, Supervision, Coaching und Paartherapie.

Christiane Lüschen-Heimer, Ärztin, Krankengymnastin, Systemische Supervisorin, Coach, Beraterin und Therapeutin (SG), lehrende Supervisorin und lehrende Beraterin (SG). Seit 2005 in eigener Praxis (»SchrittWeise«) tätig in den Bereichen Supervision, Coaching, Organisationsentwicklung, Fort- und Weiterbildung. Dozentin und Vorstandsmitglied des Westfälischen Instituts für Systemische Therapie Münster e. V. (WIST); Leitungssupervision in Profit- und Non-Profit-Unternehmen, Teamsupervision und -entwicklung, Fall- und Einzelsupervision, In-House-Fortbildungen zu Themen der Beruflichkeit.